亲子悦读国学鉴赏

庄子

石磊 评注

上海辞书出版社

文经典启蒙书，其思想主旨大多是作为古代社会主流意识形态的儒家思想，以及传统道德伦理。具体而言，无非是立志、向学、孝悌、尊长、知礼、谦和、勤俭、清廉，等等。虽然在今天，西方文明东渐之后，中国传统的知识体系已经发生了相当大的变化，但国文经典启蒙书并未全然成为历史，如果以「取其精华，弃其糟粕」的态度去看待它，去利用它，它在中国当代启蒙教育中仍应当具有相当重要的地位。

今天奉献给小读者的这套丛书，是本着弘扬中国优秀传统文化的主旨而编撰的。本书在编撰过程中，主要选用通行本中的一种为主，参考其他各书，注释时并不作繁琐引证，而是想方设法使之浅显易懂，以适合小读者的口味。应该说明的是，在注释时，我们也参考了大量的同类图书，在此不一一指出了。希望在父母的帮助下，小读者们能够喜欢这套我们的祖先在启蒙时代就使用的课本，也希望它能够让小读者们百读不厌。

写在前面

中华民族历史悠久，传统的儿童启蒙教育源远流长，启蒙读物也种类繁多。今天，摆在您面前的这套「亲子悦读国学鉴赏」，是我们从许多传统的儿童国文经典启蒙读物中精选出来的，首批推出四种，分别为《唐诗三百首》、《论语》、《庄子》、《三字经 百家姓 千字文》。这四种书可称得上是中国传统国文经典启蒙的代表之作，代代相传，盛行不衰。

蒙学，是指对儿童进行启蒙教育的学校。传统的启蒙教育内容主要是识字、写字和道德伦理教育。我们为您编选的《唐诗三百首》、《论语》、《庄子》、《三字经 百家姓 千字文》内容十分广泛，涉及天文地理、礼法礼仪、人情世故、衣食住行、日常器用，以及一些著名的历史故事和成语典故。这其中，也包含了伦理道德的内容。书中有不少的警句、格言、成语典故，富于哲理，启人深思，教导儿童立身处事的准则和规范，今天读来，仍具有积极的意义。

以《唐诗三百首》、《论语》、《庄子》、《三字经 百家姓 千字文》为代表的国

目录

内篇

杂篇

内篇

逍遥游第一

北冥有鱼

北冥有鱼，其名为鲲。鲲之大，不知其几千里也；化而为鸟，其名为鹏。鹏之背，不知其几千里也；怒而飞，其翼若垂天之云。是鸟也，海运则将徙于南冥。南冥者，天池也。

《齐谐》者，志怪者也。《谐》之言曰："鹏之徙于南冥也，水击三千里，抟扶摇而上者九万里，去以六月息者也。"野马也，尘埃也，生物之以息相吹也。天之苍苍，其正色邪？其远而无所至极邪？其视下也，亦若是则已矣。

[解疑释惑]

冥：昏暗幽深，亦作溟，海的意思。北冥即北海；南冥即南海。
抟：盘旋上升。
息：气息，这里指风。

[经典名句]

北冥有鱼，其名为鲲。鲲之大，不知其几千里也；化而为鸟，其名为鹏。鹏之背，不知其几千里也；怒而飞，其翼若垂天之云。
水击三千里，抟扶摇而上者九万里。

[译文]

北海里有一条鱼，名字叫作鲲。鲲体形庞大，不知道有几千里；它变化为鸟，名字就叫作鹏。鹏的背不知道有几千里宽；当它奋起飞翔的时候，展开的双翅犹如天边的云。这只鸟在海风大作时，将要迁徙到南海去。南海是一个天然的大池。

《齐谐》是一部记载怪异事情的书，这本书上说：

内篇

逍遥游第一

“大鹏迁徙到南海去，翅膀拍击水面，激起三千里的波涛，乘着六月里的狂风，它盘旋而上，直冲九万里的高空。”野马似的雾气，飞扬的尘埃，都是生物气息互相吹拂的结果。天色苍茫，难道这是天空本来的颜色吗？还是因为遥远看不到尽头的缘故呢？大鹏从高空往下看，也就像是这个样子了。

且夫水之积也不厚，则其负大舟也无力。覆杯水于坳堂之上，则芥为之舟；置杯焉则胶，水浅而舟大也。风之积也不厚，则其负大翼也无力，故九万里则风斯在下矣。而后乃今培风，背负青天而莫之夭阏者，而后乃今将图南。

蜩与学鸠笑之曰：“我决起而飞，抢榆枋而上，时则不至而控于地而已矣；奚以之九万里而南为？”适莽苍者，三飡而反，腹犹果然；适百里者，宿舂粮；适千里者，三月聚粮。之二虫又何知？

小知不及大知，小年不及大年。奚以知其然也？朝菌不知晦朔，蟪蛄不知春秋，此小年也。楚之南有冥灵者，以五百岁为春，五百岁为秋；上古

逍遥游第一

有大椿者，以八千岁为春，八千岁为秋，此大年也。而彭祖乃今以久特闻，众人匹之，不亦悲乎！

[解疑释惑]

坳堂：堂前低洼处。

芥：小草。

培：通"凭"，凭借。

彭祖：古代传说中年寿最长的人。

[译文]

再说水不深，就没办法浮载大船。倒一杯水在堂前低洼处，那么小草也可以算一艘船了；把杯子放在上面就胶住了，是因为水太浅而船太大了。风聚积的力量不够强，就无力托起巨大的翅膀。所以，大鹏高飞九万里，是凭借着身下的狂风，然后背负青天，乘风飞行，毫无阻碍地飞向南方。

蝉和小鸟讥笑它说："我们一纵身就能飞起来，飞到榆树、檀树上停下来，有时飞不高，也不过落到了地上，为什么要飞到九万里的高空而到南海去呢？"到郊外去，带上三餐就可以往返，肚子还是饱饱的；到百里之外去，就要准备过夜的粮食；到千里之外去，就要准备三个月的粮食。蝉和小鸟这两个小东西懂得什么！

小聪明比不上大智慧，短寿比不上长寿。怎么知道是这样的呢？朝生暮死的菌没有一个月的概念，夏生秋死的蝉不会知道什么叫一年，这就是短寿。楚国南方有叫冥灵的大龟，它把五百年当作一春，把五百年当作一秋；上古时代有棵大椿树，它把八千年当作一春，把八千年当作一秋，这就是长寿。彭祖到今天还是以长寿闻名于世，人们与他攀比，岂不可悲吗？

[经典名句]

小知不及大知，小年不及大年。

朝菌不知晦朔，蟪蛄不知春秋。

八千岁为春，八千岁为秋。

汤之问棘也是已："穷发之北有冥海者，天池也。有鱼焉，其广数千里，

逍遥游第一

[解疑释惑]
穷发：不毛之地。
羊角：旋风。
鴳（yàn）：雀。

未有知其修者，其名曰鲲。有鸟焉，其名为鹏，背若太山，翼若垂天之云；抟扶摇羊角而上者九万里，绝云气，负青天，然后图南，且适南冥也。斥鴳笑之曰：‘彼且奚适也？我腾跃而上，不过数仞而下，翱翔蓬蒿之间，此亦飞之至也。而彼且奚适也？’”此小大之辩也。

[译文]

商汤询问棘的话是这样的：“在草木不生的北方，有一片深深的大海，那就是天池。其中有一条鱼，身宽数几千里，没有人知道它到底有多长，它的名字叫作鲲。其中有一种鸟，名字叫作鹏，它的脊背像泰山那么高，展开的双翅像天边的云。它拍击翅膀，扶摇直上九万里高空，在白云之上，背倚青天，向南飞去，打算飞往南海。麻雀讥笑它说：‘它要飞到哪里去呢？我奋力往上飞，不过几丈高就落下来了，在蓬蒿丛中盘旋翱翔，这也是飞行的极限了。而它还要飞到什么地方去呢？’”这就是小与大的不同了。

故夫知效一官、行比一乡、德合一君而徵一国者，其自视也亦若此矣。

逍遥游第一

而宋荣子犹然笑之。且举世而誉之而不加劝，举世而非之而不加沮，定乎内外之分，辩乎荣辱之境，斯已矣。彼其于世未数数然也。虽然，犹有未树也。

夫列子御风而行，泠然善也，旬有五日而后反。彼于致福者，未数数然也。此虽免乎行，犹有所待者也。若夫乘天地之正，而御六气之辩，以游无穷者，彼且恶乎待哉？故曰：至人无己，神人无功，圣人无名。

[解疑释惑]

效：胜任。

徵：取信。

数（shuò）数然：急急忙忙的样子。

泠然：姿态轻盈美妙。

[经典名句]

至人无己，神人无功，圣人无名。

[译文]

所以，那些才智足以胜任一个官职、行事可以满足一乡人愿望、道德能使一国君主满意，并获得一国百姓信赖的人，他们看待自己也像是这样吧。宋荣子却嘲笑他们。对宋荣子来说，世上所有的人都称赞他，他不会因此更努力，世上所有的人都责备他，他不会因此更沮丧。他能区分自我与外在事物，能辨别荣耀与耻辱，不过如此而已。在这个世界上，他并不去努力追求世俗的成就。虽然如此，他还有尚未达到的境界。

列子能驾风飞行，姿态轻盈美妙，过了十五天后才回来。对于寻求幸福，列子没有急急追求。他虽然

逍遥游第一

免于行走的劳累，可还是需要风的配合。如果遵循宇宙万物的规律，把握自然界的变化，再遨游于无穷的境界，他还要依赖什么呢！因此说，道德修养高尚的“至人”能够达到忘我的境界，精神世界完全超脱物外的“神人”心目中没有功名和事业，思想修养臻于完美的“圣人”不会去追求名誉和地位。

[脑力体操]

你知道汤是谁吗？

脑力体操答案：汤原是商族领袖，后任用伊尹执政，一举灭夏，建立了商朝，建都于亳（今山东曹县南）。

逍遥游第一

尧让天下于许由

尧让天下于许由，曰："日月出矣，而爝火不息，其于光也，不亦难乎？时雨降矣，而犹浸灌，其于泽也，不亦劳乎？夫子立而天下治，而我犹尸之；吾自视缺然，请致天下。"

许由曰："子治天下，天下既已治也；而我犹代子，吾将为名乎？名者，实之宾也；吾将为宾乎？鹪鹩巢于深林，不过一枝；偃鼠饮河，不过满腹。归休乎君，予无所用天下为！庖人虽不治庖，尸祝不越樽俎而代之矣！"

[解疑释惑]

爝(jué)火：火炬，木材上蘸上油脂燃起的火把。

尸：空居其位、虚有其名的意思。

宾：次要的、派生的东西。

庖人：厨师。

尸祝：祭祀主持人。

[成语辞典]

越俎代庖：比喻超越自己职权范围去处理别人所管的事。

[译文]

尧想把天下让给许由，说："太阳和月亮都已升起来了，可火把还在燃烧，靠火把的光照亮世界，不是很困难吗？雨已经下了，可还在浇水灌溉，这样的人工灌溉作物，不显得徒劳吗？先生如能即国君之位，一定能治理好天下，可我还占着这个位子，我觉得自己能力不够，请让我把天下交给你。"

许由回答说："你治理天下，天下已经安定了，我

内篇

逍遥游第一

却还要替代你，我为了名声吗？名声是实物的附庸，我难道要去追求这种附庸吗？小鸟在森林中筑巢，只需一根树枝；鼹鼠到河边饮水，只需喝饱肚子。算了吧，天下对我来说没什么用啊！厨师即使不下厨，祭祀主持人也不会代替他去做厨师的！”

[脑力体操]

你知道尧的故事吗？

脑力体操答案：尧是我国历史上传说的父系氏族社会后期部落联盟领袖，史称唐尧。他死后由舜继位，史称“禅让”。

逍遥游第一

藐姑射之山

肩吾问于连叔曰："吾闻言于接舆，大而无当，往而不反。吾惊怖其言，犹河汉而无极也；大有径庭，不近人情焉。"连叔曰："其言谓何哉？"曰："藐姑射之山，有神人居焉。肌肤若冰雪，淖约若处子，不食五谷，吸风饮露，乘云气，御飞龙，而游乎四海之外；其神凝，使物不疵疠而年谷熟。吾以是狂而不信也。"

连叔曰："然。瞽者无以与乎文章之观，聋者无以与乎钟鼓之声。岂唯形骸有聋盲哉？夫知亦有之！是其言也，犹时女也。之人也，之德也，将旁礴万物以为一，世蕲乎乱，孰弊弊焉以天下为事！之人也，物莫之伤：大浸稽天而不溺，大旱金石流、土山焦而不热。是其尘垢秕糠，将犹陶铸尧舜者也，孰肯以物为事？"

[解疑释惑]

藐(miǎo)：遥远的样子。
姑射(yè)之山：传说中的仙山名。
淖(chuò)约：柔弱、美好的样子。
疵疠(lì)：疾病。
瞽(gǔ)：盲人。
蕲(qí)：通"祈"，求的意思。

[经典名句]

淖约若处子。

[成语辞典]

大而无当：意为大得没有边际。后用以表示虽然大，但不合实用。
大相径庭：相差极远，也指不大一致，或彼此矛盾。

逍遥游第一

[译文]

肩吾问连叔："我听过接舆的谈话，大话连篇，不着边际，没有主题。我对他的话感到很惊讶，觉得就像天上无边无际的银河，完全不同于人间，不合人之常情。"连叔问："他说些什么呢？"肩吾转述道："遥远的姑射山上，住着一位神人，皮肤如雪一样冰清玉洁，体态如处女一样柔美绰约，他不吃五谷杂粮，吸清风饮甘露，乘着云气，驾驭飞龙，遨游于四海之外。他心神专注，就能使世间万物不受病害，年年五谷丰登。我认为这全是虚妄之言，一点也不可信。"

连叔说："是呀！瞎子无法欣赏色彩的美丽，聋子无法聆听钟鼓的乐声。难道只是身体上有残缺吗？人的心智上也有啊！这话说的就是你呀。神人的德行，融万物为一体，世人希望天下太平，神人怎么会把治理天下当回事！神人呀，外物伤害不了他，滔天的洪水淹不死他，天下大旱使金石熔化、山土焦裂，他不感到热。他只要发挥一点无用的力气，就可造就尧舜那样的伟业，他怎么肯把人间万物当作一回事呢！"

[脑力体操]

你知道姑射之山在哪里吗？

脑力体操答案：姑射之山是传说中的仙山名。《隋书·地理志》中有"临汾有姑射山"，相传在今山西临汾市西。

逍遥游第一

宋人资章甫而适诸越

宋人资章甫而适诸越，越人断发文身，无所用之。尧治天下之民，平海内之政，往见四子藐姑射之山，汾水之阳，窅然丧其天下焉。

[译文]

宋国人到越国去贩卖帽子，越国人的习俗是剃光头发，身上刺青，用不着帽子。尧治理好国家政事、安定了天下的百姓之后，到遥远的汾水北面的姑射山上，去拜见四位高人，不禁怅然忘记了自己的地位。

[脑力体操]

你知道汾水吗？

[解疑释惑]

资：贩卖。

章甫：古代殷人的一种礼帽。

阳：山的南面或水流的北面。

窅(yǎo)然：怅然若失的样子。

脑力体操答案：汾水是古水名，即今天山西省境内的汾河。

逍遥游第一

不龟手之药

惠子谓庄子曰："魏王贻我大瓠之种，我树之成而实五石。以盛水浆，其坚不能自举也。剖之以为瓢，则瓠落无所容。非不呺然大也，吾为其无用而掊之。"

庄子曰："夫子固拙于用大矣！宋人有善为不龟手之药者，世世以洴澼絖为事。客闻之，请买其方百金。聚族而谋曰：'我世世为洴澼絖，不过数金；今一朝而鬻技百金，请与之。'客得之，以说吴王。越有难，吴王使之将，冬与越人水战，大败越人，裂地而封之。能不龟手一也，或以封，或不免于洴澼絖，则所用之异也。今子有五石之瓠，何不虑以为大樽，而浮乎江湖，而忧其瓠落无所容？则夫子犹有蓬之心也夫！"

[解疑释惑]

瓠（hú）：葫芦。

掊（pǒu）：砸破。

龟（jūn）：皲裂。

絖（kuàng）：亦作"纩"。新丝棉。

鬻（yù）：卖，出售。

逍遥游第一

[译文]

惠子对庄子说："魏王送我大葫芦的种子，我把它种活了，结出的葫芦有五石的容量。用这个大葫芦来装水，它不够牢。把它剖开来做成瓢，又太大了无处可放。大葫芦大而无用，我只好砸碎它了。"

庄子说："先生实在是不会用大东西啊！宋国有一个人，擅长制作不让手皲裂的药物，他家世世代代以漂洗丝絮为职业。有个客人听说了这件事，愿意用一百金购买他的药方。宋人全家聚在一起商量：'我们世世代代漂洗丝絮，所得不过数金；如今卖出药方马上能得到一百金，那就卖给他吧。'客人拿了药方，就去游说吴王。正巧越国发兵侵犯，吴王便派他统率部队，冬天跟越军在水上交战，结果大败越军，吴王于是把一块土地封给了他。同样一张药方，有的人靠它来获取土地，有的人却只能继续漂洗丝絮，这是不同用法造成的。现在你有可容五石这么大的大葫芦，不考虑把它做成一条船，行驶在江湖之上，却担心葫芦太大无处可放，可见先生还是不够通达啊！"

[脑力体操]

你知道惠子是谁吗？

脑力体操答案：惠子是宋国人，叫惠施，做过魏惠王的宰相，是先秦名家的代表。惠施是庄子的朋友。《庄子》一书中有许多惠施与庄子的故事，多为寓言性质，并不真正反映惠施的思想。

逍遥游第一

吾有大树

惠子谓庄子曰："吾有大树，人谓之樗。其大本拥肿而不中绳墨，其小枝卷曲而不中规矩，立之涂，匠者不顾。今子之言大而无用，众所同去也。"

庄子曰："子独不见狸狌乎？卑身而伏，以候敖者；东西跳梁，不辟高下；中于机辟，死于罔罟。今夫斄牛，其大若垂天之云。此能为大矣，而不能执鼠。今子有大树，患其无用，何不树之于无何有之乡，广莫之野，彷徨乎无为其侧，逍遥乎寝卧其下。不夭斤斧，物无害者，无所可用，安所困苦哉！"

[解疑释惑]
涂：通"途"，道路。
狸(lí)：野猫。
狌(shēng)：黄鼠狼。
夭：夭折。

[译文]

惠子对庄子说："我有一棵大树，人们叫它'樗'。树干木瘤盘结却不合绳墨取直的要求，枝条弯曲也不合取材的需要。就是长在路边，木匠也不屑一顾。现在你说的话不着边际，毫无用处，大家都会弃之不顾

逍遥游第一

的。"庄子说："先生没见过野猫和黄鼠狼吗？趴在地上捕捉小动物，东跳西跃，蹿上蹿下，不料最后落入猎人设下的机关，死于其中。再有那牛，身躯庞大就像天边的云，本事算大了，却捉不了老鼠。如今你有这么一棵大树，担心它没有用处，为什么不把它种在空旷的地方，种在广袤无边的原野上呢？悠闲地在树旁散步，逍遥地在树下睡觉。大树不会被砍伐，也不会有东西伤害它。虽然没什么用处，却也不会有什么烦恼啊！"

[脑力体操]

庄子说的"无何有之乡"是什么意思呢？

脑力体操答案：无何有之乡原来指什么东西都没有的地方，后来指空虚乌有的境界。

齐物论第二

天籁

南郭子綦隐机而坐，仰天而嘘，荅焉似丧其耦。颜成子游立侍乎前，曰："何居乎？形固可使如槁木，而心固可使如死灰乎？今之隐机者，非昔之隐机者也。"子綦曰："偃，不亦善乎，而问之也？今者吾丧我，汝知之乎？汝闻人籁而未闻地籁，汝闻地籁而未闻天籁夫！"

子游曰："敢问其方。"子綦曰："夫大块噫气，其名为风，是唯无作，作则万窍怒呺，而独不闻之翏翏乎？山陵之畏佳，大木百围之窍穴，似鼻，似口，似耳，似枅，似圈，似臼，似洼者，似污者。激者，謞者，叱者，吸者，叫者，譹者，宎者，咬者，前者唱于而随者唱喁。泠风则小和，飘风则大和，厉风济则众窍为虚。而独不见之调调之刁刁乎？"子游曰："地籁则众窍是已，人籁则比竹是已，敢问天籁。"子綦曰："夫吹万

[解疑释惑]
嘘：吐气。
荅(tà)焉：离形去智的样子。
翏(liù)翏：大风呼呼的声响。
謞(xiào)：箭头飞去的声响。

[经典名句]
形固可使如槁木，而心固可使如死灰乎？

[成语辞典]
心若死灰：心像熄灭的灰烬，现多用以形容灰心失意的心情。

齐物论第二

不同，而使其自己也，咸其自取，怒者其谁邪？”

[译文]

南郭子綦靠着桌子而坐，抬头向天，缓缓吐气，进入了一种超然忘我的境界。颜成子游站在跟前说道：“这是怎么回事？身体可以变得像枯木一般，难道心灵也会变得像死灰一样吗？今天靠桌而坐的你，跟过去不一样啊。”南郭子綦回答说：“你这个问题问得好。你知道吗？今天我把自己给忘掉了。你听说过人籁，未必听说过地籁，即使听说过地籁，却未必听说过天籁吧！”

子游说：“请问其中的道理。”南郭子綦说：“大地吐出的气，就叫风。风不刮则已，一旦刮起来则无数孔隙都会发出怒吼。你没听过狂风呼啸的声音吗？群山陡峭起伏的地方，粗壮大树上的孔洞，像鼻子，像嘴巴，像耳朵，像瓶罐，像瓦盆，像石臼，像深池，像浅洼。发出的声音，像急流，像飞箭，像怒叱，像呼吸，像叫喊，像嚎叫，像呻吟，像哀叹，前面的风在呜呜唱着，后面的风在呼呼和着。微风则小和，飓风则大和，暴风过去之后，万物重归寂静。只有小草还在摇曳。”子游说：“地籁是无数孔隙发出的风声，人籁是箫管发出的乐声，请问什么是天籁呢？”南郭子綦说：“孔隙不同，发出的声音自然不同，声音是由孔隙发出来的，那让孔隙发声的是谁呢？”

[脑力体操]

你知道南郭子綦是谁吗？

脑力体操答案：南郭子綦是庄子书中假托的人物，历史上并不存在。

齐物论第二

无有为有

大知闲闲，小知间间；大言炎炎，小言詹詹。其寐也魂交，其觉也形开；与接为搆，日以心斗：缦者，窖者，密者。小恐惴惴，大恐缦缦。其发若机栝，其司是非之谓也；其留如诅盟，其守胜之谓也。其杀若秋冬，以言其日消也；其溺之所为之，不可使复之也；其厌也如缄，以言其老洫也；近死之心，莫使复阳也。喜怒哀乐，虑叹变慹，姚佚启态。乐出虚，蒸成菌。日夜相代乎前，而莫知其所萌。已乎，已乎！旦暮得此，其所由以生乎！

非彼无我，非我无所取。是亦近矣，而不知所为使。若有真宰，而特不得其眹，可行已信，而不见其形，有情而无形。百骸、九窍、六藏，赅而存焉，吾谁与为亲？汝皆说之乎？其有私焉？如是皆有为臣妾乎？其臣妾不足以相

[解疑释惑]

缦(màn)：通“慢”，疏怠迟缓的意思。
窖：深沉，用心不可捉摸。
缦缦：失魂落魄的样子。
私：偏私，偏爱。
苶(nié)：疲劳困顿的样子。
芒：通“茫”，迷昧无知。

[经典名句]

大知闲闲，小知间间；大言炎炎，小言詹詹。

齐物论第二

治乎？其递相为君臣乎？其有真君存焉？如求得其情与不得，无益损乎其真。一受其成形，不化以待尽。与物相刃相靡，其行尽如驰，而莫之能止，不亦悲乎！终身役役而不见其成功，苶然疲役而不知其所归，可不哀邪！人谓之不死，奚益！其形化，其心与之然，可不谓大哀乎？人之生也，固若是芒乎？其我独芒，而人亦有不芒者乎？

夫随其成心而师之，谁独且无师乎？奚必知代而心自取者有之？愚者与有焉。未成乎心而有是非，是今日适越而昔至也。是以无有为有。无有为有，虽有神禹，且不能知，吾独且奈何哉！

[译文]

有大智慧的人广博豁达，有小聪明的人斤斤计较；君子之言正气凛然，小人之言喋喋不休。他们睡觉时心神不宁，醒来后形体不安；跟外界打交道，每日钩心斗角。有人魂不守舍，有人心机深沉，有人细密严谨。遇小事情惴惴不安，遇大事情失魂落魄。他们说话尖刻，惹是生非；他们信誓旦旦，非胜不可。他们精神颓丧，逐日消沉；沉溺在自己的世界里，无法解

齐物论第二

脱；他们心灵闭塞，衰老颓败，不可能再恢复生气。喜怒哀乐，忧虑恐惧，轻浮放纵，张狂作态。好像乐声从虚空中发出，又像菌类由地气蒸腾而成。这种种情态不停地轮流出现，却不知道是怎么产生的。算了吧！一旦弄清其中的道理，就能明白其发生的原因。

没有外在，就没有自我；没有自我，就没法明确外在。两者关系密切，但不知是如何造成的。似乎有个"真宰"存在，却又寻不到它的踪迹。效果明显，却看不见形象，这是真实而无形可见的。骸骨、九窍和六脏都存在于我的身体中，我跟哪一部分最亲近呢？你对它们都同样喜欢吗？还是有所偏爱呢？它们好比是臣妾，臣妾之间就不能相互支配吗？还是轮流作为君臣呢？难道真有"真君"存在其中？无论是否了解实际情况，都不会改变它的真实性。人一旦出生，就有形体存在。形体跟外界环境相互对立或顺应，行动如骏马奔驰，停不下来，这不是很可悲吗！终身劳碌却看不到成功，困顿疲劳却不知道归宿，这不是很悲哀吗！这种人不死，又有什么好处！他的身体逐渐衰竭，精神也跟着麻木，这还不是最大的悲哀吗？人生在世，真是这样迷昧无知吗？还是只有我才这么迷昧无知，而世人也有不迷昧无知的吗？

追随心中的偏见并以它为老师，那么谁会没有老师呢？何必要通晓变化的道理呢？从自己心中去找就行了，愚昧的人也一样有啊。如果没有成见，却有是非的观念，就像今天到越国去而昨天就已经到达了。这是把没有当作了有。没有当作有，即使圣明的大禹也不可能理解，我又有什么办法呢？

[脑力体操]

你知道道家是什么学派吗？

脑力体操答案：道家是以先秦老子、庄子关于"道"的学说为中心的学术派别，主要著作有《老子》、《庄子》等，是中国传统文化中的重要组成部分。

齐物论第二

方生方死

夫言非吹也。言者有言，其所言者特未定也。果有言邪？其未尝有言邪？其以为异于鷇音，亦有辩乎？其无辩乎？

道恶乎隐而有真伪？言恶乎隐而有是非？道恶乎往而不存？言恶乎存而不可？道隐于小成，言隐于荣华。故有儒墨之是非，以是其所非而非其所是。欲是其所非而非其所是，则莫若以明。

物无非彼，物无非是。自彼则不见，自是则知之。故曰：彼出于是，是亦因彼。彼是，方生之说也。虽然，方生方死，方死方生；方可方不可，方不可方可；因是因非，因非因是。是以圣人不由而照之于天，亦因是也。是亦彼也，彼亦是也。彼亦一是非，此亦一是非。果且有彼是乎哉？果且无

[解疑释惑]

吹：风吹。

鷇(gòu)：初生的小鸟。

隐：隐秘，藏匿。

因：遵循，依托。

道枢：大道的关键之处。

枢：枢要。

[经典名句]

天地一指也，万物一马也。

齐物论第二

彼是乎哉？彼是莫得其偶，谓之道枢。枢始得其环中，以应无穷。是亦一无穷，非亦一无穷也。故曰莫若以明。

以指喻指之非指，不若以非指喻指之非指也；以马喻马之非马，不若以非马喻马之非马也。天地一指也，万物一马也。

[译文]

说话不是吹风。说的话有内容，内容还不曾明确。果真有内容吗？还是没有什么内容呢？人们以为自己的说话与雏鸟的叫声不同，两者有区别吗？还是没有区别呢？

道是如何隐匿起来有了真和假的呢？说话是如何隐匿起来有了是与非的呢？道怎么会出现又不复存在？说话怎么存在而又不被认可？道被小成功所遮蔽，说话被华丽的辞藻所掩盖。所以有了儒家和墨家的是非争辩，肯定对方所否定的东西而否定对方所肯定的东西。想要肯定对方所否定的东西而否定对方所肯定的东西，那么不如用明净的心去审视一切。

各种事物没有不是彼的这一面，各种事物也没有不是此的这一面。从彼的这一面看不见此的这一面，从此的这一面才能有所认识和了解。所以说：彼是出自此，此是因彼而生。彼与此是相互并存的。虽然这样，两者同时产生同时消失，同时消失又同时产生；同时肯定又同时否定，同时否定又同时肯定；有正确的

齐物论第二

一面同时有谬误的一面，有谬误的一面同时也有正确的一面。因此圣人不会去划分正误是非，而是根据事物的状态去明辨一切。此即是彼，彼即是此。彼的这一面存在是与非，此的这一面也存在是与非。果真有彼此两个方面吗？果真没有彼此两个方面吗？使彼此不再对立，这就叫道的关键。掌握道的关键，也就抓住了事物的要害，从而可以应对无穷的变化。“是”是无穷的，“非”也是无穷的。所以说不如用明净的心去审视一切。

用大拇指来说明大拇指不是手指，不如用非大拇指来说明大拇指不是手指；用白马来说明白马不是马，不如用非白马来说明白马不是马。天地自然就是一根手指，世上万物就是一匹马。

[脑力体操]

你知道什么是儒家吗？

脑力体操答案：儒家是中国学术思想中崇奉孔子学说的学派，崇尚礼乐和仁义，提倡忠恕和中庸之道，是中国传统文化的主体。

齐物论第二

朝三而暮四

道行之而成，物谓之而然。有自也而可，有自也而不可。有自也而然，有自也而不然。恶乎然？然于然。恶乎不然？不然于不然。恶乎可？可于可。恶乎不可？不可于不可。物固有所然，物固有所可；无物不然，无物不可。故为是举莛与楹、厉与西施、恢恑憰怪，道通为一。其分也，成也；其成也，毁也。凡物无成与毁，复通为一。唯达者知通为一，为是不用而寓诸庸，因是已。已而不知其然，谓之道。劳神明为一而不知其同也，谓之朝三。

何谓朝三？狙公赋芧曰："朝三而暮四。"众狙皆怒。曰："然则朝四而暮三。"众狙皆悦。名实未亏而喜怒为用，亦因是也。是以圣人和之以是非而休乎天钧，是之谓两行。

[解疑释惑]

楹(yíng)：厅堂前的木柱。

厉：通"疠"，指皮肤溃烂，这里指外表丑陋的人。

一：浑一，一体。

寓：寄托。

庸：指平常之理。

狙(jū)：猴子。

芧(xù)：橡子。

[成语辞典]

朝三暮四：原指愚弄欺骗的手法，后多用以比喻反复无常。

齐物论第二

[译文]

道路是人走出来的，事物是人叫出来的。可有它可的原因，不可有它不可的原因；是有它是的原因，不是有它不是的原因。为什么是？自有它是的道理。为什么不是？自有它不是的道理。为什么可？自有它可的道理。为什么不可？自有它不可的道理。万物本来就有是的一面，万物本来就有可的一面，没有事物不存在是的一面，也没有事物不存在可的一面。所以，树枝与庭柱，丑人与西施，千奇百怪的各种事物，从道来看都是相通的。有分解，就有生成，有生成，就有毁灭。所有事物没有生成与毁灭，最后还是会相通为一的。只有通达的人才知道万物相通为一体的道理，因此不固执己见而寄寓在事物的日常道理上，这就是因任自然的道理。顺应事物的状态，而不知其中的缘由，就叫作道。费尽心思去追求万物的一体却不知万物本来就是相通的，这就叫“朝三”。

什么叫“朝三”呢？养猴人给猴子分橡子，说：“早上三升，晚上四升。”猴子们听了非常愤怒。养猴人便改口说：“那么早上四升，晚上三升。”猴子们听了都高兴起来。名义和实际都没有变化，却能左右猴子的喜怒，就是这个道理。因此，圣人调和是非，让两者并行不悖，各得其所，这就叫两行。

[脑力体操]

你知道墨家是什么学派吗？

脑力体操答案：墨家是战国时的重要学派，创始人是墨子，当时影响极大。墨家主张兼爱、非攻等，留传后世的有《墨子》一书。

齐物论第二

知有所至

古之人，其知有所至矣。恶乎至？有以为未始有物者，至矣，尽矣，不可以加矣。其次以为有物矣，而未始有封也。其次以为有封焉，而未始有是非也。是非之彰也，道之所以亏也。道之所以亏，爱之所以成。果且有成与亏乎哉？果且无成与亏乎哉？有成与亏，故昭氏之鼓琴也。无成与亏，故昭氏之不鼓琴也。昭文之鼓琴也，师旷之枝策也，惠子之据梧也，三子之知几乎！皆其盛者也，故载之末年。唯其好之也，以异于彼；其好之也，欲以明之。彼非所明而明之，故以坚白之昧终。而其子又以文之纶终，终身无成。若是而可谓成乎？虽我亦成也。若是而不可谓成乎？物与我无成也。是故滑疑之耀，圣人之所图也。为是不用而寓诸庸，此之谓以明。

[解疑释惑]

至：极致，最高的境界。
封：疆界、界线。
滑(gǔ)疑：纷乱的样子，这里指各种迷乱人心的辩说。

齐物论第二

[译文]

古时候的人，他们的知识达到了高峰。什么高峰呢？有人认为世上从来就不存在万物，这就是高峰，就是极致，无以复加了。其次，有人认为世上是存在万物的，但万物不曾有区分。再其次，有人认为万物有区分，但不曾有是与非的区别。是与非显露出来，对道的理解就有缺陷了，因为这样的缺陷，就形成了偏私的观念。果真有形成与缺陷吗？果真没有形成与缺陷吗？有了形成与缺陷，昭文才能够弹琴奏乐。没有形成和缺陷，昭文就不再能弹琴奏乐。昭文善于弹琴，师旷精于乐律，惠施擅长辩论，这三位先生的才智可说是非常杰出了！他们都享有盛誉，所以事迹被记载并流传下来。他们都爱好自己的学问与技艺，因而跟别人不一样；正因为有这样的爱好，所以希望能够表现出来。而他们将那些不能表现的东西表现出来，结果以无人能懂的迷昧而告终；而昭文的儿子只继承父亲的技艺，终生没有成就。像这样可以称作成功吗？那么即使我也可以说是成功了。像这样可以称作不成功吗？那么万物和我就都没有成功。因此，各种迷乱人心的炫耀，都是圣人所摒弃的。所以不争论而用平庸的道理去解释，这就叫用明净的心去审视一切。

[脑力体操]

你知道昭文、师旷是谁吗？

脑力体操答案：昭文是春秋时郑国乐师，以善于弹琴著称。师旷是春秋时晋国乐师，双目失明，但善于弹琴，精于辨音。

齐物论第二

莫大于秋豪

今且有言于此，不知其与是类乎？其与是不类乎？类与不类，相与为类，则与彼无以异矣。虽然，请尝言之。有始也者，有未始有始也者，有未始有夫未始有始也者。有有也者，有无也者，有未始有无也者，有未始有夫未始有无也者。俄而有无矣，而未知有无之果孰有孰无也。今我则已有谓矣，而未知吾所谓之其果有谓乎，其果无谓乎？天下莫大于秋豪之末，而大山为小；莫寿于殇子，而彭祖为夭。天地与我并生，而万物与我为一。既已为一矣，且得有言乎？既已谓之一矣，且得无言乎？一与言为二，二与一为三。自此以往，巧历不能得，而况其凡乎！故自无适有以至于三，而况自有适有乎！无适焉，因是已。

夫道未始有封，言未始有常，为

[解疑释惑]

俄而：突然。

豪：通“毫”，细毛。末：末梢。秋毫之末比喻事物的细小。

殇子：未成年而死的人。

凡：平凡，这里指普通的人。

天府：指自然生成的府库，也就是整个宇宙。

[经典名句]

天下莫大于秋豪之末，而大山为小；莫寿于殇子，而彭祖为夭。

大道不称，大辩不言，大仁不仁，大廉不嗛，大勇不忮。

[成语辞典]

秋豪之末：现多作“秋毫之末”，指秋天动物新换的绒毛的尖端，比喻细微难见之物。

大辩不言：有口才、善于辩论的人，并不多说话以显示自己。

齐物论第二

是而有畛也。请言其畛：有左有右，有伦有义，有分有辩，有竞有争，此之谓八德。六合之外，圣人存而不论；六合之内，圣人论而不议。春秋经世先王之志，圣人议而不辩。故分也者，有不分也；辩也者，有不辩也。曰：何也？圣人怀之，众人辩之以相示也。故曰辩也者有不见也。

夫大道不称，大辩不言，大仁不仁，不廉不嗛，不勇不忮。道昭而不道，言辩而不及，仁常而不周，廉清而不信，勇忮而不成。五者无弃而几向方矣。故知止其所不知，至矣。孰知不言之辩、不道之道？若有能知，此之谓天府。注焉而不满，酌焉而不竭，而不知其所由来，此之谓葆光。

[译文]

现在有人在这里说一番话，不知道这番话跟别人的话是相同呢，还是不同呢？相同与不同，只要都是说话，彼此就没有区别了。虽然这样，还是让我来说说这一问题。宇宙万物有它的开始，还有它的未曾开

齐物论第二

始的阶段，更有它的未曾有的未曾开始的阶段。宇宙有“有”的状态，也有“无”的状态，还有未曾有“无”的状态，更有未曾有的未曾有“无”的状态。突然间出现了有和无，却不知道有与无谁是有谁是无。现在我已经说了这些话，却不知我的话是说过了呢，还是没有说过？天下没有比秋天兔毛尖更大的东西，泰山算小了；世上没有人比夭折的孩子更长寿，彭祖算短命了。天地与我共同存在，万物与我合为一体。既然已合为一体，还能有话说吗？既然已说合为一体，还能没话说吗？合为一体加上我的话就是二，二加一就是三，以此类推，善于计算的人也不知道最后的结果，何况是普通人！所以，从无到有已推算到三了，何况从有到有呢？不必再推算下去了，还是顺应事物的本来状态吧。

道本来没有界线，言谈本来没有定论，因为一个“是”字才有了界线。让我谈谈那些界线：有左有右，有谈论有评议，有区分有辨别，有强说有争辩，这就是八种表现。天地之外的事，圣人存于心而不谈论；天地之内的事，圣人谈论而不评议。对《春秋》记载的前代君王们的事迹，圣人评议而不争辩。可知有区分就有所不分，有争辩也就有所不辩。这是为什么呢？圣人包容万物，一般人靠争辩互相炫耀。所以说，争辩的人有自己看不见的一面。

真正的道是不必说明的，最好的辩论是不需语言的，最仁爱的人是不会展示爱的，最清廉的人是不会谦让的，最勇敢的人是不会逞能的。道说明白了就不是道了，言语有争辩就有表达不到的地方，仁爱之心经常守滞一处就不能周遍，清廉到极点就不真实了，逞能好斗就不是勇敢了。这五种情况不要疏忽，那就差不多接近道了。因此懂得在自己所不知道的地方

齐物论第二

停下来，这就是大智慧。谁能知道不需言语的争辩、不必说明的道呢？如果能够知道，这就叫自然的宝库。无论注入多少东西，它不会满溢出来，无论取出多少东西，它不会枯竭，而且也不知道其中的道理，这就叫作潜藏的光亮。

[脑力体操]

你能说出什么是六合吗？

脑力体操答案：六合是指天、地和东、西、南、北四方。

齐物论第二

[解疑释惑]
南面：君主临朝；古代帝王上朝理事总坐北朝南。
十日并出：指古代寓言中十个太阳一并出来的故事。
庸讵：怎么、哪里。
鳝(qiū)："鳅"的异体，即泥鳅。
甘带：意思是以小蛇为美食。带：小蛇。
毛嫱(qiáng)丽姬：古代著名的美人。
至人：这里指能够达到忘我境界的、道德修养极高的人。

物之所同

故昔者尧问于舜曰："我欲伐宗、脍、胥敖，南面而不释然，其故何也？"舜曰："夫三子者，犹存乎蓬艾之间。若不释然，何哉？昔者十日并出，万物皆照，而况德之进乎日者乎！"

齧缺问乎王倪曰："子知物之所同是乎？"曰："吾恶乎知之！""子知子之所不知邪？"曰："吾恶乎知之！""然则物无知邪？"曰："吾恶乎知之！虽然，尝试言之。庸讵知吾所谓知之非不知邪？庸讵知吾所谓不知之非知邪？且吾尝试问乎汝：民湿寝则腰疾偏死，鳝然乎哉？木处则惴慄恂惧，猨猴然乎哉？三者孰知正处？民食刍豢，麋鹿食荐，蝍蛆甘带，鸱鸦耆鼠，四者孰知正味？猨猵狙以为雌，麋与鹿交，鳝与鱼游。毛嫱丽姬，人之所美也，鱼见之深入，鸟见之高

齐物论第二

飞，麋鹿见之决骤。四者孰知天下之正色哉？自我观之，仁义之端，是非之涂，樊然殽乱，吾恶能知其辩！”

啮缺曰：“子不知利害，则至人固不知利害乎？”王倪曰：“至人神矣！大泽焚而不能热，河汉沍而不能寒，疾雷破山而不能伤，飘风振海而不能惊。若然者，乘云气，骑日月，而游乎四海之外。死生无变于己，而况利害之端乎！”

[译文]

从前，尧问舜：“我想讨伐宗、脍、胥敖三国，每当上朝时总是心绪不宁，这是什么原因呢？”舜回答说：“那三个小国的国君，就像生活在蓬蒿艾草之中。你何必记挂在心上呢？过去十个太阳一块儿升起，阳光普照万物，何况德行超过太阳的你呢！”

啮缺问王倪：“你知道万物是相同的，是吗？”王倪说：“我怎么会知道呢！”啮缺又问：“你知道自己不知道吗？”王倪回答说：“我怎么会知道呢！”啮缺接着又问：“那么万物都无法知道了吗？”王倪回答：“我怎么会知道呢！尽管如此，我还是试着来回答你的问题。你怎么知道我所说的知道不是不知道呢？你又怎么知道我所说的不知道不是知道呢？我问你：人睡在潮湿的地方就会患腰病，甚至半身不遂，泥鳅

齐物论第二

会吗？人爬在树上就会心惊胆战，猴子会吗？这三者谁知道哪里是最好的住处呢？人吃肉，麋鹿食草，蜈蚣爱吃小蛇，猫头鹰和乌鸦喜欢吃老鼠，这四者谁知道什么是真正的美味呢？猴子与猵狙为偶，麋与鹿做伴，泥鳅与鱼同游。毛嫱、丽姬是人们眼里的美人，可是鱼见了她们就潜人水底，鸟见了她们就飞向高空，麋鹿见了她们就飞快地逃离了。这四者谁知道什么是真正的美色呢？以我来看，仁义的头绪，是非的途径，都纷杂错乱，我怎么能知道其中的区别！”

啮缺问：“你不知道利害的区别，至人难道也不知道利害的区别吗？”王倪答道：“至人神奇啊！山林焚烧他不感到热，江河封冻他不感到冷，雷电劈山破岩他不会受伤，狂风翻江倒海他不感到惊讶。至人驾驭云气，骑着日月，遨游于四海之外，连生死都不能影响他，何况利害的区别呢！”

［脑力体操］

你知道舜是谁吗？

脑力体操答案：舜是传说中父系氏族社会后期部落联盟领袖，史称虞舜。尧去世后继位，并选拔治水有功的禹为继承人。

齐物论第二

和之以天倪

瞿鹊子问乎长梧子曰："吾闻诸夫子，圣人不从事于务，不就利；不违害，不喜求，不缘道；无谓有谓，有谓无谓，而游乎尘垢之外。夫子以为孟浪之言，而我以为妙道之行也。吾子以为奚若？"

长梧子曰："是黄帝之所听荧也，而丘也何足以知之！且汝亦大早计，见卵而求时夜，见弹而求鸮炙。予尝为汝妄言之，汝以妄听之奚？旁日月，挟宇宙，为其脗合，置其滑涽，以隶相尊。众人役役，圣人愚芚，参万岁而一成纯。万物尽然，而以是相蕴。

"予恶乎知说生之非惑邪！予恶乎知恶死之非弱丧而不知归者邪！丽之姬，艾封人之子也。晋国之始得之也，涕泣沾襟，及其至于王所，与王同筐床，食刍豢，而后悔其泣也。予恶乎

[解疑释惑]

务：事，含有琐细事务的意思。

孟浪：言语轻率不当。

听荧（yíng）：疑惑不明。

时夜：司夜，即报晓的鸡。

脗："吻"的异体字。

吊（dì）诡：奇特、怪异。

旦暮：很短的时间，含有偶然的意思。

齐物论第二

知夫死者不悔其始之蕲生乎！梦饮酒者，旦而哭泣；梦哭泣者，旦而田猎。方其梦也，不知其梦也。梦之中又占其梦焉，觉而后知其梦也。且有大觉而后知此其大梦也。而愚者自以为觉，窃窃然知之。君乎、牧乎，固哉！丘也与女，皆梦也；予谓女梦，亦梦也。是其言也，其名为吊诡。万世之后而一遇大圣，知其解者，是旦暮遇之也！”

[译文]

瞿鹊子问长梧子："我听孔夫子说，圣人不做琐事，不追求利益，不躲避灾害，不喜好妄求，不因循成规；没说什么如同说了什么，说了什么又如同没说什么，遨游在世俗之外。孔夫子认为这些是无稽之谈，我却以为这是领悟了道的精妙之后的表现。你怎么认为呢？"

长梧子说："这些话黄帝也会迷惑的，孔夫子怎么会明白呢！你太性急了，看到鸡蛋就想要公鸡，看到弹弓就想要熟鸟肉。我姑且给你说一说，你也姑且听一听。如何？圣人依傍日月，怀藏宇宙，与万物合为一体，排除各种混乱纷争，把卑贱与尊贵等同起来。众人劳碌，圣人昏昧，糅合古往今来无数变化成为一体。万物都是如此，可以聚集在此。

"我怎么知道贪生不是困惑呢？我怎么知道怕

齐物论第二

死不是像幼年流落他乡而不知回归那样呢？丽姬是艾地封疆守土人的女儿，晋国刚迎娶她时，她哭得泪水湿透了衣襟；等她进入王宫，与晋王同眠一床，吃上美味珍馐，就后悔当初不该如此伤心。我怎么知道死去的人不会后悔当初的求生呢？睡梦里饮酒作乐的人，天亮醒来却悲伤哭泣；睡梦里悲伤哭泣的人，天亮醒来却打猎作乐。人做梦时，不知道是在做梦。梦中还会问梦的吉凶如何，醒来后方知是在做梦。人在最清醒时才知道自身也是一场梦。愚蠢的人自以为清醒，好像什么都知道。整天君君臣臣，实在是浅薄啊！孔夫子与你都在做梦，我说你们在做梦，这也是梦。上面说的这些话，就称为‘吊诡’。万年以后遇上一位大圣人，能悟出其中的道理，恐怕也是偶尔遇上的吧！”

“既使我与若辩矣，若胜我，我不若胜，若果是也，我果非也邪？我胜若，若不吾胜，我果是也，而果非也邪？其或是也，其或非也邪？其俱是也，其俱非也邪？我与若不能相知也，则人固受黮暗，吾谁使正之？使同乎若者正之？既与若同矣，恶能正之！使同乎我者正之？既同乎我矣，恶能正之！使异乎我与若者正之？既异乎我与若矣，恶能正之！使同乎我与

[解疑释惑]
黮（dǎn）暗：暗昧不明。
化声：变化的声音，这里指是非不同的言论。
倪：分，“天倪”即天然的分际。
曼衍：变化发展。

[成语辞典]
大梦初醒：像从沉睡中刚醒过来，比喻从错误或被蒙蔽中刚醒悟过来。

齐物论第二

若者正之？既同乎我与若矣，恶能正之！然则我与若与人，俱不能相知也，而待彼也邪？化声之相待，若其不相待，和之以天倪，因之以曼衍，所以穷年也。

“何谓和之以天倪？曰：是不是，然不然。是若果是也，则是之异乎不是也，亦无辩；然若果然也，则然之异乎不然也亦无辩。忘年忘义，振于无竟，故寓诸无竟。”

[译文]

“假如我和你辩论，你胜了我，我没有胜你，那么你真的对吗？我真的错吗？我胜了你，你没有胜我，我真的对吗？你真的错吗？是一人对、一人错吗？还是两人都对，或者两人都错呢？我和你不能相互了解，被偏见所蒙蔽，我让谁来做正确的裁定呢？让观点跟你相同的人来裁定吗？既然观点跟你相同，怎么能做公正的评判！让观点跟我相同的人来裁定吗？既然观点跟我相同，怎么能做公正的评判！让观点不同于你我的人来裁定吗？既然观点与你我不同，怎么能做公正的评判！让观点跟你我相同的人来裁定吗？既然观点跟你我相同，怎么能做公正的评判！如此看来，我和你和别人都不能互相了解了，还能期待谁呢？争辩是对立形成的，要化解对立，就要用自然

齐物论第二

的分际来调和，顺应无尽的变化，然后可以安享天年。

“什么叫用自然的分际来调和呢？答案：是与不是一样，对与不对一样。是如果真的是，那是与不是的区别就无须争辩了；对如果真的对，那对与不对的区别也无须争辩了。忘掉生死与是非，到达无穷无尽的境界，也寄托在无穷无尽的境域之中。”

齐物论第二

罔两问景

罔两问景曰：“曩子行，今子止；曩子坐，今子起。何其无特操与？”景曰：“吾有待而然者邪？吾所待又有待而然者邪？吾待蛇蚹蜩翼邪？恶识所以然？恶识所以不然？”

[解疑释惑]

罔两：影子之外的阴影。

曩（nǎng）：以往，从前。

蚹（fù）：蛇肚腹下的横鳞，蛇赖此行走。

[译文]

影子边上的阴影问影子：“先前你行走，现在又停下；以往你坐着，如今又站起。怎么这么没有自己的独立个性呢？”影子回答说：“我是有所依托才这样的吗？我所依托的东西又有所依托才这样的吗？我的依托像蛇的蚹鳞和蝉的翅膀吗？我怎么知道会这样呢？我怎么知道不会这样呢？”

[脑力体操]

你知道孔子吗？

脑力体操答案：孔子是春秋末期思想家、政治家、教育家，儒家学派的创始者。名丘，字仲尼。鲁国陬邑（今山东曲阜东南）人。现存《论语》一书，对后世影响极大。

齐物论第二

庄周梦蝶

昔者庄周梦为胡蝶，栩栩然胡蝶也，自喻适志与！不知周也。俄然觉，则蘧蘧然周也。不知周之梦为胡蝶与，胡蝶之梦为周与？周与胡蝶，则必有分矣。此之谓物化。

[译文]

从前庄周梦见自己变成了蝴蝶，翩然飞舞着的一只蝴蝶，多么愉快和惬意啊！不知道还有庄周存在。突然醒过来，发现自己是庄周。不知道是庄周梦中变成了蝴蝶呢，还是蝴蝶梦中变成了庄周呢？庄周与蝴蝶肯定是有区别的。这就叫作物我同化。

[相关链接]

庄周梦蝶是《庄子》书中最有名的典故之一。晚唐李商隐的诗《锦瑟》中有“庄生晓梦迷蝴蝶”，一个“迷”字道尽了这个故事的审美意蕴。

[解疑释惑]

喻：通“愉”，愉快。

适志：合乎心意，心情愉快。

蘧(qú)蘧然：惊惶的样子。

物化：事物自身的变化，即外物与自我浑而为一。

[经典名句]

昔者庄周梦为胡蝶，栩栩然胡蝶也。

[成语辞典]

庄周梦蝶：庄周在梦中变为蝴蝶，比喻人生变幻无常。

养生主第三

吾生也有涯

吾生也有涯，而知也无涯。以有涯随无涯，殆已；已而为知者，殆而已矣！为善无近名，为恶无近刑。缘督以为经，可以保身，可以全生，可以养亲，可以尽年。

[解疑释惑]

涯：边际，极限。
随：追随，索求。
殆：危险，这里指疲困不堪。
缘督：顺从自然。缘：顺着。

[经典名句]

生也有涯，知也无涯。

[译文]

我的生命是有限的，而知识却是无限的。以有限的生命去追求无限的知识，这太累了；明知如此还要不停地追求知识，那可真是十分危险了！做善事不贪图虚名，做错事避免刑律惩罚。顺从自然，将可以保护自身，可以保全天性，可以奉养双亲，可以安享天年。

[脑力体操]

你知道传说中的长寿人物是谁吗？

脑力体操答案：是彭祖。传说彭祖是颛顼的玄孙，生于夏代，有八百多岁。后人把彭祖作为长寿的象征。

养生主第三

庖丁解牛

庖丁为文惠君解牛，手之所触，肩之所倚，足之所履，膝之所踦，砉然向然，奏刀騞然，莫不中音，合于桑林之舞，乃中经首之会。

文惠君曰："嘻，善哉！技盖至此乎？"庖丁释刀对曰："臣之所好者道也，进乎技矣。始臣之解牛之时，所见无非全牛者。三年之后，未尝见全牛也。方今之时，臣以神遇而不以目视，官知止而神欲行。依乎天理，批大郤，导大窾，因其固然；技经肯綮之未尝，而况大軱乎！良庖岁更刀，割也；族庖月更刀，折也。今臣之刀十九年矣，所解数千牛矣，而刀刃若新发于硎。彼节者有间，而刀刃者无厚。以无厚入有间，恢恢乎其于游刃必有余地矣，是以十九年而刀刃若新发于硎。虽然，每至于族，吾见其难为，怵然为戒，视

[解疑释惑]

庖丁：厨师。

砉(huā)然：皮肉分离的声音。

中(zhòng)音：合乎音乐的节奏。

天理：自然的纹理，这里指牛的自然结构。

郤：通"隙"，指牛骨节间的空隙。

綮(qìng)：筋骨结合处。

硎(xíng)：磨刀石。

恢恢：宽广。

游刃：运转的刀刃。

踌躇：悠然自得的样子。

满志：满足了心意。

[经典名句]

彼节者有间，而刀刃者无厚。以无厚入有间，恢恢乎其于游刃必有余地矣。

[成语辞典]

游刃有余：形容技艺熟练，做事轻松利落。

踌躇满志：从容自得的样子，形容对自己取得的成就非常得意。

养生主第三

为止，行为迟，动刀甚微。謋然已解，牛不知其死也，如土委地。提刀而立，为之四顾，为之踌躇满志，善刀而藏之。"

文惠君曰："善哉！吾闻庖丁之言，得养生焉。"

[译文]

厨师为文惠君宰杀一头牛，他手接触的地方，肩靠着的地方，脚踏着的地方，膝抵住的地方，都发出砉砉的声响，刀插入时刷刷的声音，就像音乐的旋律，合乎《桑林》舞曲的节奏，也与《经首》旋律相吻合。

文惠君说："啊，太奇妙了！你的技术怎么会达到如此高超的地步呢？"厨师放下刀回答说："我所喜好的是摸索事物的规律，比起一般的技术又进了一层。我最初肢解牛时，看见的是一头整牛。三年之后，看见的就不是整牛了。现在，我只用心神去接触而不必用眼睛去看了，感觉器官不起作用而心神却在不停地运行。依照牛自然的生理结构，劈开筋肉的间隙，导向骨节的空隙，顺着牛的自然结构去肢解；不碰经脉和骨肉相连的地方，更别提大骨头了！好厨师每年换一把刀，因为是用刀在割肉；普通厨师一个月换一把刀，因为是用刀在砍骨头。如今我这把刀已经用了十九年，宰杀的牛超过了一千头，刀刃却锋利得就像刚从磨刀石上磨过一样。牛的骨节之间有空隙，我的刀刃却薄得几乎没有厚度，用薄薄的刀刃插入有空隙的关节之间，自然是宽绰有余地了。所以用了十九年，刀刃仍像新磨过的一样。虽然这样，每当遇到筋骨

养生主第三

交错的地方，难以下刀，就会格外谨慎，目光专注，动作缓慢，动刀十分轻微。当牛体全部分解开来，就像是一堆泥土散落在地上时，牛还不知道自己已经死了呢！这时我提刀站立，环顾四周，踌躇满志，然后才擦干净刀，收藏起来。”文惠君说：“好啊，我听了厨师这番话，明白养生的道理了。”

[脑力体操]

你知道《桑林》、《经首》吗？

脑力体操答案：《桑林》、《经首》皆为舞乐名。相传商汤祷祝于桑林而有了《桑林》的舞乐；相传尧时作《咸池》乐章，《经首》为其名。

养生主第三

公文轩见右师

公文轩见右师而惊曰："是何人也？恶乎介也？天与，其人与？"曰："天也，非人也。天之生是使独也，人之貌有与也。以是知其天也，非人也。"

泽雉十步一啄，百步一饮，不蕲畜乎樊中。神虽王，不善也。

[解疑释惑]

介：独，只有一只脚。
雉(zhì)：雉鸟，俗称野鸡。
蕲(qí)：祈求，希望。

[译文]

公文轩见到右师，吃惊地问："这是什么人？怎么只有一只脚呢？是天生的，还是后天失去的呢？"右师说："是天生的，不是后天人为的。上天生就了我一只脚，人的外貌是上天赐予的。所以知道是天生的，不是后天人为的。"

沼泽边的野鸡走上十步才能啄到一口食物，走上百步才能喝到一口水，可是它不会希望被关养在笼子里。笼子里的野鸡虽然精力旺盛，但并不快乐。

[脑力体操]

你知道右师吗？

脑力体操答案：右师是古代官名。春秋时宋国设左师、右师，俱为执政官。

养生主第三

秦失吊老聃

老聃死,秦失吊之,三号而出。弟子曰:“非夫子之友邪?”曰:“然。”“然则吊焉若此,可乎?”曰:“然。始也吾以为至人也,而今非也。向吾入而吊焉,有老者哭之,如哭其子;少者哭之,如哭其母。彼其所以会之,必有不蕲言而言,不蕲哭而哭者。是遁天倍情,忘其所受,古者谓之遁天之刑。适来,夫子时也;适去,夫子顺也。安时而处顺,哀乐不能入也,古者谓是帝之县解。”

指穷于为薪,火传也,不知其尽也。

[解疑释惑]

遁:逃避,违反。
倍:通“背”,背弃的意思。
刑:过失;一说“刑”即刑辱之意。
适:偶然。
县(xuán):同“悬”。
“指”、“薪”:即脂薪,又称烛薪,用以取光照物。

[经典名句]

指穷于为薪,火传也,不知其尽也。

[成语辞典]

薪尽火传:柴烧尽,火种仍可留传,比喻学问和技艺代代相传。

[译文]

老聃死了,秦失去吊丧,哭了几声便离开了。老聃的弟子问道:“你不是我们老师的朋友吗?”秦失回答:“是的。”弟子又问:“那么就这样吊唁他,像话吗?”秦失说:“当然。原来我以为他是超脱物外的人,现在知道不是。刚才我进去吊唁,有老人在哭,像哭自己的孩子一样;有年轻人在哭,像哭自己的父母

养生主第三

一样。他们之所以会这样，一定是情不自禁地诉说，情不自禁地痛哭啊。这样做是在逃避自然，背弃真情，忘掉了人受命于天的道理，古人称之为逃避自然的惩罚。偶然来到世上，老聃应时而生；偶然离开人世，老聃顺命而死。安于天理，顺应自然变化，哀伤和欢乐都不会人人心怀，古人把这叫作自然的解脱，犹如解除倒悬之苦一般。”

烛薪终会有燃尽的时候，而火种却可以传下去，永远不会熄灭。

［脑力体操］

你知道老聃是谁吗？

脑力体操答案：老聃相传即老子，姓李名耳，楚国苦县（今河南鹿邑东）人，是春秋时思想家，道家的创始人。著有《老子》一书，主张道法自然。

人间世第四

颜回见仲尼

颜回见仲尼，请行。曰："奚之？"曰："将之卫。"曰："奚为焉？"曰："回闻卫君，其年壮，其行独；轻用其国，而不见其过；轻用民死，死者以国量乎泽若蕉，民其无如矣。回尝闻之夫子曰：'治国去之，乱国就之，医门多疾。'愿以所闻，思其所行，则庶几其国有瘳乎！"

[解疑释惑]

独：专断。

蕉：草芥。

无如：意思是没有归往的地方。如：往。

庶几：也许可以，含有希望的意思。

瘳(chōu)：病愈，这里指国家恢复了元气。

[译文]

颜回去见孔子，向他辞行。孔子问道："你要去哪里呢？"颜回说："我准备去卫国。"孔子又问："你去干什么呢？"颜回回答："我听说卫国的国君正值壮年，独断专行，草率治国，却不知自己行为的过错。不体恤百姓，为国事而死的人数不胜数，百姓已经走投无路了。我曾听老师说过：'离开太平安定的国家，应前往混乱无治的国家，医生家门前才会有很多病人。'我希望用我所学过的知识替卫君出谋划策，这样卫国或许还有救吧！"

仲尼曰："嘻！若殆往而刑耳！夫道不欲杂，杂则多，多则扰，扰则忧，

人间世第四

[解疑释惑]

殆：恐怕，大概。
荡：丧失，毁坏。
矼（qiāng）：坚实、笃厚。
人气：犹言民情、民心，与下句的“人心”意思相近。
菑（zāi）：“災”字的异体，“災”字今简化为“灾”。
诏：告，这里指向卫君进言。
荧：眩，迷惑。
伛（yǔ）拊（fǔ）：怜爱抚育。
实：实利。

忧而不救。古之至人，先存诸己而后存诸人。所存于己者未定，何暇至于暴人之所行！且若亦知夫德之所荡而知之所为出乎哉？德荡乎名，知出乎争。名也者，相轧也；知者也，争之器也。二者凶器，非所以尽行也。且德厚信矼，未达人气，名闻不争，未达人心。而强以仁义绳墨之言术暴人之前者，是以人恶育其美也，命之曰菑人。菑人者，人必反菑之，若殆为人菑夫？且苟为悦贤而恶不肖，恶用而求有以异？若唯无诏，王公必将乘人而斗其捷。而目将荧之，而色将平之，口将营之，容将形之，心且成之。是以火救火，以水救水，名之曰益多。顺始无穷，若殆以不信厚言，必死于暴人之前矣！且昔者桀杀关龙逢，纣杀王子比干，是皆修其身以下伛拊人之民，以下拂其上者也，故其君因其修以挤之。是好名者也。昔者尧攻丛、枝、胥敖，禹攻

人间世第四

有扈，国为虚厉，身为刑戮；其用兵不止，其求实无已。是皆求名实者也，而独不闻之乎？名实者，圣人之所不能胜也，而况若乎！虽然，若必有以也，尝以语我来！”

[译文]

孔子说：“唉，你去了恐怕有危险啊！道是不该杂乱的，杂乱就多事，多事就有烦恼，烦恼会带来祸患，祸患来了就难以挽回了。古代的至人先修炼自己，再去纠正别人。自己立足未稳，哪有时间去揭露暴君的行为！再说，你也明白道德败坏、炫耀才智的原因吧？道德败坏是因为好名，炫耀才智是因为好争。好名就会相互倾轧，才智则是争斗的工具。两者都是凶器，不可提倡推广。一个人德行敦厚却尚未得到人们的认可，不务虚名却尚未得到人们的了解，这时坚持在暴君面前讲述仁义规范的道理，等于用别人的缺点来显示自己的优点，这叫害人。害人的人，别人一定会反过来害他，你恐怕就会这样被人害了啊！再说卫君如善待贤能排斥奸佞，又怎么会等着听你的建议？你除非一言不发，否则卫君一定会抓住你话语中的漏洞反驳你。那时，你会目光迷惑，表情温顺，言不由衷，态度谦恭，内心也准备迁就他了。这就像用火救火，用水救水，帮的是倒忙。一开始就顺着他，以后便永远如此了。你如果未取得卫君信任就直言不讳，一定会死在暴君面前啊。再说从前夏桀杀关龙逄，商纣杀比干，这两人都有很

人间世第四

高的修养，也善待百姓，但由于位极人臣却冒犯国君，所以国君就利用他们的修养来加害他们。这是好名的结果啊。从前尧攻打丛、枝、胥敖，禹攻打有扈，把这些国家变为废墟，使生灵涂炭，他们不停地发动战争，贪得无厌。这些都是追名逐利的表现。你难道没有听说，名与利，连圣人都无法超脱，何况是你呢？尽管这样，你一定有自己的想法，何妨说来听听。”

颜回曰：“端而虚，勉而一。则可乎？”曰：“恶，恶可！夫以阳为充孔扬，采色不定，常人之所不违，因案人之所感，以求容与其心，名之曰日渐之德不成，而况大德乎！将执而不化，外合而内不訾，其庸讵可乎！”“然则我内直而外曲，成而上比。内直者，与天为徒。与天为徒者，知天子之与己皆天之所子。而独以己言蕲乎而人善之，蕲乎而人不善之邪？若然者，人谓之童子，是之谓与天为徒。外曲者，与人为徒也。擎跽曲拳，人臣之礼也，人皆为之，吾敢不为邪？为人之所为者，人亦无疵焉，是之谓与人为徒。成而上

［解疑释惑］

端：端庄、正派。

虚：谦逊。

采色不定：犹言喜怒无常。

采色：这里指面部表情。

案：压抑，压制。

不訾：意思是不愿对自己的言行作出反省。

訾(zǐ)：非议。

庸讵：怎么。

蕲：祈求，希望得到。

谪(zhé)：“谪”的异体，谴责、责备。

谍：当。

秋庭戏婴图轴

人间世第四

比者，与古为徒，其言虽教，谪之实也；古之有也，非吾有也。若然者，虽直而不病，是之谓与古为徒。若是则可乎？”仲尼曰：“恶，恶可！大多政法而不谍，虽固亦无罪。虽然，止是耳矣，夫胡可以及化！犹师心者也。”

[译文]

颜回说：“我外表端庄内心谦虚，努力做事始终如一，这样行了吧？”孔子说：“不，不行！卫君暴戾之气溢于言表，喜怒无常，人们都不敢违逆他，他无视别人的建议，颐指气使，即使每天给他讲道理都不会有效果，更何况用大德来劝导他呢？他一定固守己见不肯改变，表面同意，内心却另有打算，你的想法怎么行得通呢？”颜回说：“这样我就内直而外曲，借用古人的言论来说话。内直就是向自然看齐。向自然看齐，就知道国君与自己都是自然所产生的。自己说的话还在乎别人喜欢不喜欢吗？像这样做了，人们就会说这是童心未泯，这就叫向自然看齐。外曲就是向世人看齐。躬身下拜，是做臣子的礼节，别人都这么做，我敢不做吗？做世人都做的事，人们也就不会挑剔我，这就叫向世人看齐。借用古人的言论来说话就是向古人看齐。古人的言论虽然有教化意义，关键是可以借此针砭时弊。这些言论是古人说的，不是我想出来的。像这样做，即使直言劝谏也不会被抓把柄，这就叫向古人看齐。这样做行吗？”孔子说：“不，不行！你用的方法太多，难免疏漏，虽然有些拘泥，

人间世第四

也可以免罪，但仅此而已，又怎么能感化他呢！你还是太固执己见啊。”

颜回曰：“吾无以进矣，敢问其方。”仲尼曰：“斋，吾将语若！有心而为之，其易邪？易之者，暤天不宜。”颜回曰：“回之家贫，唯不饮酒不茹荤者数月矣。如此，则可以为斋乎？”曰：“是祭祀之斋，非心斋也。”回曰：“敢问心斋。”仲尼曰：“若一志，无听之以耳而听之以心，无听之以心而听之以气！耳止于听，心止于符。气也者，虚而待物者也。唯道集虚。虚者，心斋也。”颜回曰：“回之未始得使，实有回也；得使之也，未始有回也。可谓虚乎？”夫子曰：“尽矣。吾语若！若能入游其樊而无感其名，入则鸣，不入则止。无门无毒，一宅而寓于不得已，则几矣。绝迹易，无行地难。为人使易以伪，为天使难以伪。闻以有翼飞者矣，未闻以无翼飞者也；闻以有知知

[解疑释惑]
斋：斋戒，指祭祀前的清心洁身，这里专指清心。
暤（hào）：通“昊”，广大的意思。
心斋：内心的斋戒。
气：气在中国古代哲学中是一极为重要的概念，指构成宇宙万物的本原。但这里是指虚以待物的心境。
得使：意思是禀受了心斋的教诲。
无行地：行走却不践地，喻指做了什么事都不留下痕迹。
阕（què）：空虚。
坐驰：形体坐在那里而心神却驰骋于他处。
伏羲几蘧（qú）：传说中的远古帝王。

人间世第四

者矣，未闻以无知知者也。瞻彼阕者，虚室生白，吉祥止止。夫且不止，是之谓坐驰，夫徇耳目内通而外于心知，鬼神将来舍，而况人乎！是万物之化也，禹舜之所纽也，伏羲几蘧之所行终，而况散焉者乎！”

［译文］

颜回说：“我没有更好的办法了，请问老师有什么办法吗？”孔子说：“你先斋戒，我再告诉你！专心去做一件事，有这么容易吗？如果很容易的话，那是不合自然之理的。”颜回说：“我家境贫穷，已经几个月不喝酒、不吃荤了，这样可算斋戒了吗？”孔子说：“这是祭祀前的斋戒，不是心斋。”颜回问：“请问什么是心斋？”孔子说：“你心志专一，不是用耳去听，而是用心去领悟；不仅用心去领悟，而且用气去感应！耳只能听见声音，心只能了解现象，气才是虚空而准备响应万物的。道只在虚空的状态中才能显现出来。这种虚空状态就叫心斋。”颜回说：“我在聆听教诲之前，觉得自己存在；聆听教诲之后，觉得自己不曾存在。这可以叫作虚空的状态吗？”孔子说：“很透彻了。我告诉你，你可以周游人世间而不为名利所动，你的话能被采纳，你就说；不能被采纳，你就不说。没有固执没有成见，心思专一，寄托于不得已的境界，这样就差不多了。消除足迹容易，走了路不留下痕迹就很难。听从世人的差遣容易，听从自然的差遣便很难。听说过有翅膀才能飞，没听说没翅膀也能飞；听说过有知

人间世第四

识才能领会，没听说没知识也能领会。看那空旷的环宇，虚空中才会出现光明，吉祥就在那里凝聚。不仅如此，还会达到形坐神驰的境界。倘若让耳目感官向内沟通，把心智排斥于身外，那么鬼神也会来依附，何况是人呢！这就是顺应万物变化的法则，是禹和舜治理天下的依据，也是伏羲、几蘧所遵循的道理，何况是普通人呢！”

[脑力体操]

你知道桀是谁吗？

脑力体操答案：桀是夏代最后一个国君，素以暴虐著称，后被商汤所败，夏朝也随之灭亡。

人间世第四

叶公子高将使于齐

叶公子高将使于齐，问于仲尼曰："王使诸梁也甚重，齐之待使者，盖将甚敬而不急，匹夫犹未可动，而况诸侯乎！吾甚慄之。子常语诸梁也曰：'凡事若小若大，寡不道以懽成。事若不成，则必有人道之患；事若成，则必有阴阳之患。若成若不成而后无患者，唯有德者能之。'吾食也执粗而不臧，爨无欲清之人。今吾朝受命而夕饮冰，我其内热与！吾未至乎事之情，而既有阴阳之患矣；事若不成，必有人道之患。是两也，为人臣者不足以任之，子其有以语我来！"

[解疑释惑]

慄：恐惧，担心。

懽："歡"的异体，今简作"欢"。欢成：指圆满的结果。

爨(cuàn)：炊，烹饪食物。

[译文]

叶公子高将要出使齐国，他向孔子请教说："楚王派我出使齐国，责任重大。齐国对待使者，总是表面恭敬而内心怠慢，普通百姓尚且不易说服，何况是诸侯呢！我心里十分担心。先生曾对我说过：'事情无

人间世第四

论大小，很少有不合道而获得圆满结果的。事情如办不成，那么一定会受到国君的处罚；事情如办成了，那么一定会有因阴阳失调带来的病患。无论事情办成与否都不留下后患，只有道德高尚的人才能做到。’我每天粗茶淡饭，烧饭的人也不感到热。可我今天早上接到出使的命令，晚上就想喝冰水解热，我这是忧心如焚啊！我还没开始办事，就已经阴阳失调了；事情如办不成，那一定还会受到国君的处罚。这两种结果，做臣子的我都无法承受，请先生指点我吧！”

仲尼曰：“天下有大戒二：其一命也，其一义也。子之爱亲，命也，不可解于心；臣之事君，义也，无适而非君也，无所逃于天地之间。是之谓大戒。是以夫事其亲者，不择地而安之，孝之至也；夫事其君者，不择事而安之，忠之盛也；自事其心者，哀乐不易施乎前，知其不可奈何而安之若命，德之至也。为人臣子者，固有所不得已。行事之情而忘其身，何暇至于悦生而恶死！夫子其行可矣。丘请复以所闻：凡交近则必相靡以信，交远则必忠之以言，言必或传之。夫传两喜

[解疑释惑]
施(yí)：移动，影响。
靡(mō)：通“摩”，爱抚顺从的意思。
妄：虚假。
法言：古代的格言。
泰至：大至，达到极点。
实丧：得失。
茀然：气息急促的样子。
茀(bó)：通“勃”。
剋核：即苛责。剋：“克”的异体。
中：中气，这里指神智、内心。

人间世第四

两怒之言，天下之难者也。夫两喜必多溢美之言，两怒必多溢恶之言。凡溢之类妄，妄则其信之也莫，莫则传言者殃。故法言曰：'传其常情，无传其溢言，则几乎全。'且以巧斗力者，始乎阳，常卒乎阴，泰至则多奇巧；以礼饮酒者，始乎治，常卒乎乱，泰至则多奇乐。凡事亦然：始乎谅，常卒乎鄙；其作始也简，其将毕也必巨。言者，风波也；行者，实丧也。夫风波易以动，实丧易以危。故忿设无由，巧言偏辞。兽死不择音，气息茀然，于是并生厉心。剋核太至，则必有不肖之心应之，而不知其然也。苟为不知其然也，孰知其所终！故法言曰：'无迁令，无劝成，过度益也。'迁令劝成殆事，美成在久，恶成不及改，可不慎与！且夫乘物以游心，托不得已以养中，至矣。何作为报也！莫若为致命，此其难者。"

人间世第四

[译文]

孔子说："天下有两大戒律：一是命，一是义。儿女爱父母，这是自然的天命，是人心无法解除的；臣子侍奉国君，这是人间的道义，天下任何国家不会没有国君，这是无法回避的现实。这就叫大戒律。所以侍奉父母的人，无论什么处境都要让他们安适，这是最大的孝心；侍奉国君的人，无论办什么事都要让国君放心，这是最好的忠心。注重自我修养的人，不受喜怒哀乐情绪的影响，知道世事艰难、无可奈何却坦然接受，这是最高的德性。身为人臣，本来就会有不得已的事情，只要专心做事，忘记自身的得失，哪还有时间去贪生怕死呢！你尽管去做就是了！我再把我听到的道理告诉你：与邻国交往一定相互诚信，与远方国家交往一定要用言辞来表示诚意，这些言辞必须有人来传递。传递双方喜怒的言辞，是天下最困难的事情。双方交好时，一定有许多过分的好话；双方交恶时，一定有许多过分的恶语。大凡过分的话都是虚幻不存在的，虚幻不存在的话也就无诚信可言，那传话的使者就会遭殃。所以古代格言说：'要传达平实的话，不要传达多余的话，那就可以保全自己了。'再说，靠智巧较量的人，起初手段光明，后来就常常使用计谋，最终则阴谋诡计无所不用其极。按礼节喝酒的人，起初规规矩矩，后来就常常举止失当，最终则荒诞放纵毫无节制。所有事情都是这样：初始相互信任，到头来却互相欺诈；初始单纯细微，临到结束却变得纷繁巨大。言辞犹如风吹的水波，传递言辞肯定会有得有失。风波容易产生动荡，得失容易导致危险。所以爆发愤怒没有别的理由，就是因为言辞乖巧片面失当。野兽临死时尖声乱叫，气喘吁吁，迸发了伤人害命的恶念。凡事过分苛责，必会激发对方的恶念，

人间世第四

他自己也不知道是怎么回事。假如自己都不知道是怎么回事，谁还知道会有怎样的结果！所以古代格言说：'不要改变君令，不要强人所难，不要说过头的话。'改变君令或强人所难都有危险，做成好事要经历很长的时间，做出坏事要悔改也来不及了，怎么可以不谨慎呢！至于顺应自然让心志自由遨游，把一切寄托于不得已状态从而涵养内心，这就是最好的办法。那怎么做好呢？不如原原本本地传递国君交付的使命，这样做有什么困难呢！"

[脑力体操]

你知道叶公子高是谁吗？

脑力体操答案：叶公子高是楚庄王玄孙尹成子，名诸梁，字子高。是楚国大夫。

人间世第四

螳臂当车

颜阖将傅卫灵公太子，而问于蘧伯玉曰："有人于此，其德天杀。与之为无方，则危吾国；与之为有方，则危吾身。其知适足以知人之过，而不知其所以过。若然者，吾奈之何？"

蘧伯玉曰："善哉问乎！戒之，慎之，正汝身也哉！形莫若就，心莫若和。虽然，之二者有患。就不欲入，和不欲出。形就而入，且为颠为灭，为崩为蹶。心和而出，且为声为名，为妖为孽。彼且为婴儿，亦与之为婴儿；彼且为无町畦，亦与之为无町畦；彼且为无崖，亦与之为无崖。达之入于无疵。汝不知夫螳螂乎？怒其臂以当车辙，不知其不胜任也，是其才之美者也。戒之，慎之！积伐而美者以犯之，几矣。汝不知夫养虎者乎？不敢以生物与之，为其杀之之怒也；不敢以全物与之，为其决之之怒

[解疑释惑]
天杀：生就的凶残嗜杀。
和：顺，含有顺其本性的意思，近似于疏导的含意。
入：关系太深。
出：超出，过于显露。
颠：仆倒，坠落。
崩：毁坏。
蹶：失败，挫折。
孽(niè)：灾害。
町(tǐng)畦(qí)：田间的界路，喻指分界、界线。
无崖：喻指无边，没有约束。崖：山边或岸边。
生物：活物。
蜃(shèn)：大蛤，这里指蛤壳。
拊(fǔ)：拍击。

[成语辞典]
螳臂当车：比喻自不量力。

人间世第四

也。时其饥饱，达其怒心。虎之与人异类而媚养己者，顺也；故其杀之者，逆也。夫爱马者，以筐盛矢，以蜃盛溺。适有蚊虻仆缘，而拊之不时，则缺衔毁首碎胸。意有所至而爱有所亡，可不慎邪！”

[译文]

颜阖将要去做卫灵公太子的老师，他向蘧伯玉求教道：“有这么一个人，天性凶残。顺着他做坏事，势必危害国家；劝说他做好事，我自身难保。他的智力只够了解别人的过错，却不能明白别人为什么会犯错。像这样的情况，我将怎么办呢？”

蘧伯玉说：“问得好啊！要小心，要谨慎，首先要端正你自己的言行！外表上不如迁就以示亲近，内心里不如顺性悄悄疏导。即使这样，这两种态度仍有隐患。迁就他不要太过分，疏导他不要太直露。外表迁就太过分的话，自己也会丧失立场，导致崩溃失败。内心顺性疏导太直露的话，会被以为是为了博取名声，也会招来祸害。他如果像个孩子，你也跟他一样像个孩子；他如果没架子，你也跟他一样没架子。他如果无拘无束，你也跟他一样无拘无束。做到这一步，就不会有什么问题了。你不知道螳螂吗？它奋力举起手臂想要阻挡滚动的车轮，不明白自己无法胜任，还以为自己很有力量呢。小心啊，谨慎啊！经常炫耀自己而冒犯了他人，就危险了！你不知道养虎的人吗？他不敢用活物去喂老虎，怕杀生会激起老虎的怒

人间世第四

气；他也不敢用整只的动物去喂老虎，怕撕裂动物会诱发老虎的怒气。分清老虎饥饱的时刻，把握老虎凶残的秉性。老虎与人不同类却向饲养人摇尾乞怜，是因为养虎人能顺应老虎的秉性，如果老虎伤人，那是因为违背了老虎的秉性。爱马的人，用竹筐装马粪，用蛤壳接马尿。刚巧有一只牛虻叮在马身上，爱马人出于关心挥手拍打，不料马受到惊吓，咬断勒口，挣断辔头，弄坏胸络。本意是爱马，却适得其反，怎能不谨慎呢！”

[**脑力体操**]

你知道颜阖、蘧伯玉是谁吗？

脑力体操答案：颜阖是鲁国的贤人；蘧伯玉是卫国的大夫。

人间世第四

不材之木

匠石之齐，至于曲辕，见栎社树。其大蔽数千牛，絜之百围，其高临山，十仞而后有枝，其可以为舟者旁十数。观者如市，匠伯不顾，遂行不辍。弟子厌观之，走及匠石，曰："自吾执斧斤以随夫子，未尝见材如此其美也。先生不肯视，行不辍，何邪？"曰："已矣，勿言之矣！散木也，以为舟则沉，以为棺椁则速腐，以为器则速毁，以为门户则液樠，以为柱则蠹。是不材之木也，无所可用，故能若是之寿。"

匠石归，栎社见梦曰："女将恶乎比予哉？若将比予于文木邪？夫柤梨橘柚，果蓏之属，实熟则剥，剥则辱；大枝折，小枝泄。此以其能苦其生者也，故不终其天年而中道夭，自掊击于世俗者也。物莫不若是。且予求无所可用久矣，几死，乃今得之，为予大

[解疑释惑]

临山：接近山巅。
厌观：意思是看了个够。厌：满足。
散木：指不成材的树木。
椁(guǒ)："椁"的异体，指棺外的套棺。
液樠(mán)：意思是像松木心那样液出树脂。液：浸渍。樠：松木心。
蠹(dù)：蛀蚀。
见(xiàn)梦：即梦中会见。见：拜见。
泄(yè)：通"抴"；"抴"亦写作"拽"，用力拉的意思。
掊(pǒu)：打。
趣：意趣。"趣取"就是意在求取。

人间世第四

用。使予也而有用，且得有此大也邪？且也若与予也皆物也，奈何哉其相物也？而几死之散人，又恶知散木！”

匠石觉而诊其梦。弟子曰：“趣取无用，则为社何邪？”曰：“密！若无言！彼亦直寄焉，以为不知己者诟厉也。不为社者，且几有翦乎！且也彼其所保与众异，而以义喻之，不亦远乎！”

[译文]

一个名叫石的木匠去齐国，到了曲辕这个地方，看见一棵被世人奉为社神的栎树。这棵树很大，树荫可以遮蔽几千头牛，树干足有数百尺粗，树高高达山巅，离地面数丈以上才有分枝，可用来造船的就有十几根。观赏的人群像赶集市一样，石木匠却不看一眼，继续往前走。他的徒弟把这棵树看了个够，追上石木匠说：“从我拿起斧子跟随师傅以来，还从没见过这么壮美的树木。可是师傅却不看一眼，脚步也不停一下，为什么呢？”石木匠回答说：“算了，别提它了！这是一棵没有用的树，用它做船会沉，用它做棺椁很快会腐烂，用它做家具很快会毁坏，用它做门窗会流脂而不密封，用它做梁柱会生蛀虫。这是不成材的树，毫无用处，所以才能这么长寿。”

石木匠回到家里，梦见栎树对他说：“你拿什么东西与我相比呢？你是拿有用之木与我相比吗？山楂、梨、橘、柚都属于果树，果实成熟了就会被摘下，枝干

人间世第四

跟着也会遭殃，大枝被折断，小枝被拽走。这就是因为它们有用才苦了自己的一生，所以无法终享天年而半途夭折，是自己惹祸上身。世间万物无不如此。而且我寻求自身无用已经很久了，曾经几乎被砍伐，这才保全了性命，无用也就成了我最大的用处。假如我果真有用，还能这么长寿吗？况且你和我都是'物'，你这样看物怎么可以呢？你这个离死期不远的无用之人，又怎么懂得无用的树木呢！"

石木匠醒来后把梦告诉徒弟。徒弟说："它意在寻求无用，为什么还要做社树呢？"石木匠说："闭嘴，别说了！它只不过是寄托在社神上罢了，反而招来不了解情况的人的诋毁。如果它不做社树的话，难道是想要被砍伐吗？况且它用来保全自己的方法与众不同，如用常理来评论它，不是相去太远了吗！"

[脑力体操]

你知道社树是什么吗？

脑力体操答案：古人祭祀土地神，封土为社，旁边种植的树木就称为社树。

人间世第四

以此不材

南伯子綦游乎商之丘，见大木焉有异，结驷千乘，将隐芘其所藾。子綦曰："此何木也哉？此必有异材夫！"仰而视其细枝，则拳曲而不可以为栋梁；俯而视其大根，则轴解而不可以为棺椁；咶其叶，则口烂而为伤；嗅之，则使人狂酲，三日而不已。

子綦曰："此果不材之木也，以至于此其大也。嗟乎神人，以此不材！"宋有荆氏者，宜楸柏桑。其拱把而上者，求狙猴之杙者斩之；三围四围，求高名之丽者斩之；七围八围，贵人富商之家求椫傍者斩之。故未终其天年，而中道之夭于斧斤，此材之患也。故解之以牛之白颡者与豚之亢鼻者，与人有痔病者不可以适河。此皆巫祝以知之矣，所以为不祥也。此乃神人之所以为大祥也。

[解疑释惑]
芘(pí)：通"庇"，荫庇的意思。
轴解：意思是从木心向外裂开。
咶(shì)：通"舐"，用舌舔。
酲(chéng)：酒醉。
拱：两手相合。
把：一手所握。
椫(shàn)傍：指由独幅做成的棺木左右扇。
颡(shǎng)：额。
亢鼻：指鼻孔上仰。

人间世第四

[译文]

南伯子綦在商丘游玩，看见一棵奇异的大树，上千辆四马大车可以荫蔽在它的树荫下。子綦说：“这是什么树呢？它一定有特别的材质吧！”抬头看树枝，弯弯曲曲的无法用来做梁柱；低头看树干，树干裂开无法用来做棺椁；用舌舔树叶，嘴巴就溃烂受伤；用鼻闻气味，人就像喝醉了酒，三天也醒不过来。

子綦说：“这真是棵无用的树啊，所以才能长得这么高大。神人也一样啊，就像这不成才的树呢！”宋国有个叫荆氏的地方，适合楸树、柏树、桑树的生长。树干长到一两把粗时，要做系猴子的木桩的人便把它砍去；树干长到三四围粗时，要造大房子需梁柱的人便把它砍去；树干长到七八围粗时，要用整块棺木的官吏富商又把它砍去。所以这些树木无法终享天年，半途夭折于刀斧之下，这就是有用之材带来的祸患。因此古人祭祀时，不会把白额头的牛、鼻孔上翻的猪和生痔疮的人投入河中去祭神。巫师知道，这些都是不吉祥的。但神人却认为这是世上最大的吉祥。

[脑力体操]

你知道商之丘是哪里吗？

脑力体操答案：商之丘即商丘，在今河南商丘市南。商朝时为商丘邑，春秋时为宋国都城。

人间世第四

支离疏

支离疏者，颐隐于脐，肩高于顶，会撮指天，五管在上，两髀为胁。挫鍼治繲，足以糊口；鼓筴播精，足以食十人。上征武士，则支离攘臂而游于其间；上有大役，则支离以有常疾不受功；上与病者粟，则受三钟与十束薪。夫支离其形者，犹足以养其身，终其天年，又况支离其德者乎！

[解疑释惑]

颐：下巴。
脐：肚脐。
会撮：发髻。因为脊背弯曲，所以发髻朝天。
髀（bì）：股骨，这里指大腿。
胁（xié）：腋下肋骨所在的部位。
挫鍼（zhēn）：即缝衣。鍼："针"的异体。
繲（xiè）：洗衣。

[译文]

有个叫支离疏的人，下巴低缩在肚脐下，双肩高过头顶，脑后发髻朝向天空，五脏挤在背上，两腿紧挨着胸肋。他替人缝衣洗衣，收入足以度日；又替人筛糠簸米，收入足以养活十人。国家征兵时，他从容地在征兵人面前走来走去；国家征派劳役时，他因身有残疾而得以免征；国家向残疾人发放赈济时，他可以领到三钟米和十捆柴。像支离疏这样形体残缺不全的人，还可以养活自己，终享天年，又何况那些不在意德行的人呢！

[脑力体操]

你知道一钟米是多少吗？

脑力体操答案：钟是古代的粮食计量单位，一钟米合六斛四斗米；一斛合十斗米。

人间世第四

孔子适楚

孔子适楚，楚狂接舆游其门曰："凤兮凤兮，何如德之衰也！来世不可待，往世不可追也。天下有道，圣人成焉；天下无道，圣人生焉。方今之时，仅免刑焉。福轻乎羽，莫之知载；祸重乎地，莫之知避。已乎已乎，临人以德！殆乎殆乎，画地而趋！迷阳迷阳，无伤吾行！郤曲郤曲，无伤吾足！"

山木自寇也，膏火自煎也。桂可食，故伐之；漆可用，故割之。人皆知有用之用，而莫知无用之用也。

[解疑释惑]

有道：指社会得到治理。下句的"无道"则与此相反。

画地：在地面上画出道路来。喻指人为的规范让人们去遵循。

迷阳：指荆棘。

郤(xì)曲：屈曲，指道路曲折难行。

自寇：意思是自取砍伐。寇：侵犯，掠夺。

[经典名句]

来世不可待，往世不可追。

[译文]

孔子到楚国，楚国隐士接舆走过他的门前唱道："凤凰啊凤凰！德行为何如此衰败！未来的不可期待，过去的无法追回。天下有道，圣人可以成就功业；天下无道，圣人可以保全性命。当今这个时代，只求能免遭刑戮。幸福比羽毛还轻，不知道如何取得；祸患比大地还重，不知道如何回避。算了吧，不要在人前展示德行！危险啊，划出一条道让人们去遵循！遍

人间世第四

地的荆棘，不要妨碍我行走！弯曲的道路，不要伤害我双脚！"

山上的树木因为可用而招致砍伐，油脂因为可燃而被燃烧照明。桂树皮可吃，所以遭到砍伐；树漆可以使用，所以被切割。人们都知道有用的好处，却不知道无用的好处。

[脑力体操]

你知道楚狂接舆是谁吗？

脑力体操答案：楚狂接舆是春秋时楚国的隐士，姓陆，名通，字接舆。因他佯狂避世，故称楚狂接舆。《论语·微子》载有他唱的歌词："凤兮，凤兮，何德之衰？往者不可谏，来者犹可追。"

德充符第五

鲁有兀者王骀

鲁有兀者王骀，从之游者与仲尼相若。常季问于仲尼曰："王骀，兀者也。从之游者与夫子中分鲁。立不教，坐不议；虚而往，实而归。固有不言之教，无形而心成者邪？是何人也？"仲尼曰："夫子，圣人也，丘也直后而未往耳。丘将以为师，而况不若丘者乎！奚假鲁国！丘将引天下而与从之。"

[解疑释惑]

兀者：指受过刖刑只有一只脚的人。兀：通"刖(yuè)"，断足的刑法。

直：通"特"，仅只的意思。

假：已，只。

[译文]

鲁国有个被砍掉一只脚的人，名叫王骀，跟从他学习的人与孔子的门徒一样多。常季问孔子道："王骀是个被砍去一只脚的人，跟从他学习的人在鲁国和先生的弟子一样多。他站着不给人教诲，坐着不议论大事；弟子们空手而来，却满载而归。难道真有不用言语的教导，不用形式而靠心灵感化的吗？这是什么样的人呢？"孔子回答说："王骀是圣人啊，我不如他，还没去向他请教呢。我都要把他当作老师，何况不如我的人呢！何止是鲁国，我将引领天下人跟从他学习。"

常季曰："彼兀者也，而王先生，

德充符第五

[解疑释惑]
王：突出、超过的意思。
审：明悉，通晓。
命物之化：听任事物的变化。命：任。

其与庸亦远矣。若然者，其用心也独若之何？”仲尼曰：“死生亦大矣，而不得与之变，虽天地覆坠，亦将不与之遗。审乎无假而不与物迁，命物之化而守其宗也。”常季曰：“何谓也？”仲尼曰：“自其异者视之，肝胆楚越也；自其同者视之，万物皆一也。夫若然者，且不知耳目之所宜，而游心乎德之和；物视其所一而不见其所丧，视丧其足犹遗土也。”

[译文]

常季说：“他是个独脚的人，却能超过老师，他跟一般人的差距就更远了。像这样的人，他的用心有什么特别的地方吗？”孔子回答说：“死生算是大事了，可对他没有影响；即使天翻地覆，他也不会有什么改变。他明白无所依凭的道理而不随外物变化，听任万物的变化而信守自己的根本。”常季问：“这是什么意思呢？”孔子说：“从不同的一面看，肝与胆就像楚国和越国那样相距遥远；从相同的一面看，万物都是一体。像这样的人，不知道耳朵眼睛有什么用处，只让心神自由遨游在德的境界中。他眼中的万物都是一体的，没有缺失，因而他看待失去的那只脚就像是看待掉落的一块泥土一样。”

德充符第五

常季曰:“彼为己,以其知得其心,以其心得其常心,物何为最之哉?”仲尼曰:“人莫鉴于流水而鉴于止水,唯止能止众止。受命于地,唯松柏独也正,在冬夏青青;受命于天,唯尧舜独也正,在万物之首,幸能正生,以正众生。夫保始之征,不惧之实;勇士一人,雄入于九军。将求名而能自要者,而犹若是,而况官天地,府万物,直寓六骸,象耳目,一知之所知,而心未尝死者乎!彼且择日而登假,人则从是也。彼且何肯以物为事乎!”

[解疑释惑]

为己:即修己。

鉴:照看,审察的意思。

唯止能止众止:唯有静止之物方能照人,方能使别的什么东西也静止下来。

正生:即正己,指端正自己的品行。

官:主宰。

[译文]

常季说:“他只是修养自己,用他的智慧来把握主导自我的心,再借助主导自我的心去获得普遍的平常心,为什么人们还会聚集在他身边呢?”孔子回答说:“人不能在流动的水面照见自己的身影,而只能在静止的水面映照自己,只有静止才能使别的一切也静止下来。树木之命得于地,但只有松树、柏树昂然挺立,无论冬夏都郁郁青青;人之命得于天,但只有舜德行端正,可作众人表率,幸而他能端正自己,因而才能端正别人。保全本来天性,内心便无所畏惧,勇士只身一人,也敢直闯千军万马。一心追逐名利的人,

德充符第五

尚且能够如此，何况是那主宰天地、包藏万物、把躯体当寓所、把耳目当外表、打通知与不知的界限、内心又不随生死变化的人呢！他是随时可以提升境界的人，所以人们要跟随他。他又怎么肯把吸引弟子当成一回事呢！”

[脑力体操]

你知道常季是谁吗？

脑力体操答案：常季是春秋末年人，相传为孔子的学生。

德充符第五

申徒嘉

申徒嘉，兀者也，而与郑子产同师于伯昏无人。子产谓申徒嘉曰：“我先出则子止，子先出则我止。”其明日，又与合堂同席而坐。子产谓申徒嘉曰：“我先出则子止，子先出则我止。今我将出，子可以止乎，其未邪？且子见执政而不违，子齐执政乎？”

申徒嘉曰：“先生之门，固有执政焉如此哉？子而说子之执政而后人者也？闻之曰：‘鉴明则尘垢不止，止则不明也。久与贤人处则无过。’今子之所取大者，先生也，而犹出言若是，不亦过乎！”子产曰：“子既若是矣，犹与尧争善，计子之德，不足以自反邪？”申徒嘉曰：“自状其过，以不当亡者众，不状其过，以不当存者寡。知不可奈何而安之若命，唯有德者能之。游于羿之彀中，中央者，中地也；然而

[解疑释惑]

说(yuè)：通“悦”，喜悦。

后人：以别人为后，含有瞧不起别人的意思。

大者：这里指广博精深的见识。

羿：古代神话传说中的善射者。

彀(gòu)中：指弓箭射程范围之内。彀：张满弓弩。

洗我以善：即以善洗我，用善道来教诲我。

德充符第五

不中者，命也。人以其全足笑吾不全足者多矣，我怫然而怒；而适先生之所，则废然而反。不知先生之洗我以善邪？吾与夫子游十九年矣，而未尝知吾兀者也。今子与我游于形骸之内，而子索我于形骸之外，不亦过乎！”子产蹴然改容更貌曰：“子无乃称！”

[译文]

申徒嘉是个被砍掉了一只脚的人，他与郑国大夫子产一起在伯昏无人门下学习。子产对申徒嘉说：“我先走，你就等一下再走，你先走，我就等一下再走。”第二天，两人又在同一间屋里坐在一起。子产又对申徒嘉说：“我先走，你就等一下再走，你先走，我就等一下再走。现在我要走了，你可以等一下再走吗，还是不肯等呢？你遇见我这个执政官也不知道回避，你想和执政官平起平坐吗？”

申徒嘉说：“老师门下，哪有像你这样的执政官呢？津津乐道执政官的地位眼里没有别人。我听说：‘镜子明亮就不会有灰尘，有灰尘镜子就不会明亮。一直与贤人相处就不会犯错。’现在你拜师向老师学习，居然还说出这样的话，不是太过分了吗！”子产说：“你身体已经残废了，还想跟尧攀比，你估量自己的德行，还不够反省吗？”申徒嘉说：“为自己的过错辩解，认为自己不该残废的人很多；不为自己的过错辩解，认为自己不该保留的人很少。知道事情无可

德充符第五

奈何而坦然接受，只有有德的人才能做到。走进后羿弓箭的射程中央，一定会被射中，如果没有射中，那是命。很多形体健全的人笑话我的残疾，我听了会勃然大怒；自从来到老师这里，我便怒气全消。真不知道老师是如何用善来感染我的。我跟随老师有十九年了，他从不知道我是个独脚的人。如今你与我一起学习内在的修养，而你却用外在的形貌来责备我，不也太过分了吗？”子产听了，脸色大变，惭愧地说：“请你不要再说了！”

[脑力体操]

你知道子产是谁吗？

脑力体操答案：子产是春秋时郑国人，名侨，字子产。他执政期间，锐意改革，为郑国带来了新气象。

德充符第五

兀者见仲尼

鲁有兀者叔山无趾，踵见仲尼。仲尼曰："子不谨，前既犯患若是矣。虽今来，何及矣！"无趾曰："吾唯不知务而轻用吾身，吾是以亡足。今吾来也，犹有尊足者存焉，吾是以务全之也。夫天无不覆，地无不载，吾以夫子为天地，安知夫子之犹若是也！"孔子曰："丘则陋矣。夫子胡不入乎，请讲以所闻！"无趾出。孔子曰："弟子勉之！夫无趾，兀者也，犹务学以复补前行之恶，而况全德之人乎！"

无趾语老聃曰："孔丘之于至人，其未邪？彼何宾宾以学子为？彼且蕲以諔诡幻怪之名闻，不知至人之以是为己桎梏邪？"老聃曰："胡不直使彼以死生为一条，以可不可为一贯者，解其桎梏，其可乎？"无趾曰："天刑之，安可解！"

[解疑释惑]
何及：怎么来得及。言外之意是怎么能够补救。
尊足者：意思是比脚更尊贵的东西，这里指道德修养。尊足：即尊于足。
蕲（qí）：求。
桎梏：古代的一种刑具，喻指束缚自己的工具。
一条：一致，一样。

德充符第五

[译文]

鲁国有个被砍去一只脚的人叫叔山无趾，他去拜见孔子。孔子说："你以前不谨慎，遭受了这样的惩罚。今天你虽然来我这里，可怎么来得及呢！"叔山无趾说："我因为不懂事行动草率，所以失去了脚。今天我来你这里，是因为还有比脚更尊贵的东西，我想尽力保全它。苍天没有不覆盖的，大地没有不承载的，我把先生看作是天地，哪知先生竟是这样的人！"孔子说："我太浅薄了。先生怎么不进来呢，让我讲讲我所知道的。"叔山无趾转身走了。孔子对弟子说："你们要努力啊。他是一个被砍去脚的人，还想努力学习来弥补以前做过的错事，何况是想要保全德行的人呢！"

叔山无趾对老子说："孔子还没到至人的境界吧？他为什么不停地来向你求教呢？他还在追求奇异怪诞的名声，难道不知道至人把名声看作是束缚自己的枷锁吗？"老子说："你怎么不直接让他把生与死看成一体，把可与不可看成一样，解脱他的枷锁，这样恐怕就可以了吧？"叔山无趾说："这是上天给他的处罚，哪里可以解脱！"

[脑力体操]

你知道叔山无趾吗？

脑力体操答案：叔山无趾是庄子虚构的人物。

德充符第五

卫有恶人

鲁哀公问于仲尼曰："卫有恶人焉，曰哀骀它。丈夫与之处者，思而不能去也。妇人见之，请于父母曰'与为人妻，宁为夫子妾'者，十数而未止也。未尝有闻其唱者也，常和人而矣。无君人之位以济乎人之死，无聚禄以望人之腹。又以恶骇天下，和而不唱，知不出乎四域，且而雌雄合乎前，是必有异乎人者也。寡人召而观之，果以恶骇天下。与寡人处，不至以月数，而寡人有意乎其为人也；不至乎期年，而寡人信之。国无宰，寡人传国焉。闷然而后应。氾然而若辞，寡人丑乎，卒授之国。无几何也，去寡人而行，寡人恤焉若有亡也，若无与乐是国也。是何人者也？"

[解疑释惑]
恶人：丑陋的人。
雌雄：这里泛指女人和男人。
寡人：古代国君的谦称。
氾：这里形容心不在焉，有口无心的样子。
恤：忧虑。

[译文]
鲁哀公问孔子道："卫国有个面貌丑陋的人，叫哀

德充符第五

骀它。男人跟他相处，常常想念他舍不得离去。女人见了他，便向父母请求‘与其做别人的妻子，不如做他的妾’，这样的人已经十多个了，而且人数还在增加。没有听说他倡导什么，只是常常附和别人罢了。他没有统治者的地位可以拯救他人的生命，也没有大量的财物可以让人吃饱肚子。相貌丑陋，总是附和他人而不能倡导，智力也无法顾及身外之事，但男人女人都乐于亲近他，他一定有什么不同于常人的地方。我把他召来看了，果然相貌丑陋。他和我相处不到一个月，我就很欣赏他的为人；不到一年时间，我就十分信任他。国家没有主持政务的大臣，我就把国事托付给他。他神情漠然地回应我，漫不经心的样子又像在推辞。我觉得难过，但终于还是把国事交给了他。没过多久，他就离我而去了，我怅然若失，好像举国都没人可以跟我一起分享快乐。他究竟是什么样的人呢？”

仲尼曰：“丘也尝使于楚矣，适见㹠子食于其死母者，少焉眴若皆弃之而走。不见己焉尔，不得类焉尔。所爱其母者，非爱其形也，爱使其形者也。战而死者，其人之葬也不以翣资；刖者之屦，无为爱之。皆无其本矣。为天子之诸御，不翦爪，不穿耳；取妻者止于外，不得复使。形全犹足以为尔，而况全德之人乎！今哀骀它未言

［解疑释惑］

㹠(tún)：同“豚”，小猪。
眴(shùn)若：惊惶的样子。
翣(shà)：古代出殡时棺木上的饰物，形同羽扇。
屦(jù)：用麻、葛等制成的单底鞋，这里泛指鞋子。
诸御：宫中御女，即宫女。
形：表露在外的意思。

德充符第五

而信，无功而亲，使人授己国，唯恐其不受也，是必才全而德不形者也。”

[译文]

孔子说：“我曾到楚国去，正巧看见一群小猪在刚死去的母猪身上吸奶，不一会惊慌地丢下母猪跑开了。因为小猪发现母猪不是原来的样子，与自己不是同类的了。小猪爱它们的母亲，不是爱它的外表，而是爱支配外表的内心。战死沙场的人，无须用棺木上的装饰物来送葬；被砍去脚的人，没有理由再爱惜原来的鞋子。这都是因为失去了根本。做天子的宫女，不剪指甲，不穿耳洞；娶妻的男人只能在宫外办事，不能再到宫中服役。为保全形体尚且需要做到这一点，何况是保全德行的人呢？如今哀骀它不说话就能取信于人，没立功也能赢得亲近，别人授给他国事，还唯恐他不接受，他一定是个才智完备而德不外露的人啊。”

哀公曰：“何谓才全？”仲尼曰：“死生存亡，穷达贫富，贤与不肖毁誉，饥渴寒暑，是事之变，命之行也；日夜相代乎前，而知不能规乎其始者也。故不足以滑和，不可入于灵府。使之和豫通而不失于兑；使日夜无郤而与物为春，是接而生时于心者也。是之

[解疑释惑]

命之行：自然的运行，指非人为造成的情况变化。

规：窥。

滑(gǔ)：通“汩”，乱的意思。

兑(yuè)：悦，欢乐。

郤(xì)：通“隙”，间隙的意思。

德充符第五

谓才全。”“何为德不形？”曰：“平者，水停之盛也。其可以为法也，内保之而外不荡也。德者，成和之修也。德不形者，物不能离也。”

哀公异日以告闵子曰：“始也吾以南面而君天下，执民之纪而忧其死，吾自以为至通矣。今吾闻至人之言，恐吾无其实，轻用吾身而亡其国。吾与孔丘，非君臣也，德友而已矣。”

[译文]

鲁哀公问：“什么叫作才智完备呢？”孔子说：“生死、存亡、穷达、贫富，贤与不肖、毁誉、饥渴、寒暑，这些都是事物的变化、自然的运行；白天黑夜交替出现在我们面前，但人的智慧却不能窥见它们的起始。因此一切遭遇都不足以搅乱本性的和谐，也不足以侵扰心灵。使心灵保持平和，通达而不失真实，无论日夜时刻随万物相推移，四时相衔接仿佛源自内心。这就叫才智完备。”鲁哀公又问：“什么叫德不外露呢？”孔子说：“平，是水静止时的最佳状态。它可以作为测量的标准，内心保有丰满而外表毫无所动。德，就是达到和谐的修养。德不外露，万物自然就不会离开他了。”

有一天，鲁哀公把孔子的话告诉闵子后说：“起初我以国君之位统治天下，掌握国家的法纪而关心百姓

德充符第五

的生死，我自以为这是最好的治理之道了。现在我听到至人的谈话，才担心自己修养不够，会因轻举妄动而使国家陷于危亡。我跟孔子不是君臣关系，而是以德相交的朋友啊。”

[脑力体操]

你知道鲁哀公是谁吗？

脑力体操答案：鲁哀公是春秋时鲁国国君，鲁定公之子，公元前 494—前 468 年在位。

德充符第五

跂支离无脤说卫灵公

闉跂支离无脤说卫灵公，灵公说之；而视全人，其脰肩肩。瓮盎大瘿说齐桓公，桓公说之；而视全人，其脰肩肩。故德有所长，而形有所忘，人不忘其所忘，而忘其所不忘，此谓诚忘。故圣人有所游，而知为孽，约为胶，德为接，工为商。圣人不谋，恶用知？不斲，恶用胶？无丧，恶有德？不货，恶用商？四者，天鬻也。天鬻者，天食也。既受食于天，又恶用人！有人之形，无人之情。有人之形，故群于人；无人之情，故是非不得于身。眇乎小哉，所以属于人也！謷乎大哉，独成其天！

[解疑释惑]

闉(yīn)：屈曲。
跂(qǐ)：通“企”，指腿脚屈曲，常踮起脚尖走路。
支离：伛偻病残的样子。
脤(shèn)：兔唇。这里用跛脚、驼背、兔唇来形容一个人的形残貌丑，并以此特征作为这个丑陋之人的名字。
脰(dòu)：颈项。
肩肩：细小的样子。
瘿(yǐng)：瘤。
德为接：意思是把施德看作交接外物的手段。
斲(zhuó)：“斫”的异体，砍削的意思。
鬻(yù)：通“育”，养育的意思。
眇(miǎo)：通“秒”，微小的意思。
謷(áo)：高大的样子。

[译文]

有一个跛脚、驼背、兔唇的人游说卫灵公，卫灵公很喜欢他；再看正常人，反觉得他们的脖颈太细了。一个脖子上长了个大瘤的人游说齐桓公，齐桓公很喜欢他；再看正常人，反觉得他们的脖颈太细了。所以，

德充符第五

只要在德行上有超常之处，形体上的缺陷就会被人忘记，人不仅忘记该忘记的东西，而且忘记不该忘记的东西，这就叫真忘。因而圣人能够自如地遨游，把智慧看作是祸根，把约法看作是禁锢，把德行看作是手段，把技巧看作是谋利。圣人不设谋，哪里用得着智慧？圣人不争斗，哪里用得着约束？圣人不缺损，哪里用得着德行？圣人不谋利，哪里用得着商人？这四种做法叫作上天养育。上天养育就是禀受自然的饲养。既然受养于自然，又哪里用得着人为的方法呢！有人的外形，没有人的情感。有人的外形，所以与人群共处；没有人的情感，所以是非就不会影响他。渺小呀，那使他属于人的东西！伟大呀，那使他保全自然的部分。

[脑力体操]

你知道齐桓公是谁吗？

脑力体操答案：齐桓公是春秋时齐国国君。姜姓，名小白。公元前685—前643年在位。他任用管仲进行改革，国力富强，成为春秋时第一个霸主。

德充符第五

人故无情

惠子谓庄子曰："人故无情乎？"庄子曰："然。"惠子曰："人而无情，何以谓之人？"庄子曰："道与之貌，天与之形，恶得不谓之人？"惠子曰："既谓之人，恶得无情？"庄子曰："是非吾所谓情也。吾所谓无情者，言人之不以好恶内伤其身，常因自然而不益生也。"惠子曰："不益生，何以有其身？"庄子曰："道与之貌，天与之形，无以好恶内伤其身。今子外乎子之神，劳乎子之精，倚树而吟，据槁梧而瞑，天选子之形，子以坚白鸣！"

[译文]

惠子对庄子说："人原本是无情的吗？"庄子说："是的。"惠子说："人如果无情，怎么还能称为人呢？"庄子说："道赋予人容貌，天赋予人形体，怎么可以不称为人呢？"惠子说："既然称为人，怎么会无情？"庄子回答说："你说的情并不是我所讲的情。我所讲的无情，是说人不因好恶而伤害自身的本性，常常顺

[解疑释惑]

益：增添。

劳：耗费。

槁梧：指用梧桐木做成的几案。

瞑(mián)：通"眠"，假寐的意思。

德充符第五

应自然而不刻意去养生。”惠子说：“不刻意养生，靠什么来保全身体呢？”庄子回答说：“道赋予人容貌，天赋予人形体，不要因好恶而伤害了自己的本性。现在你放纵心神，损费精力，靠着树干高谈阔论，倚着桌子闭目而睡。自然赋予了你的形体，你却靠‘坚’、‘白’的诡辩而自鸣得意！”

[脑力体操]

你知道什么是坚白论吗？

脑力体操答案：坚白论是古代名家公孙龙学派的名辩命题，以石为喻，指石之白色与石之坚质都独立于“石”。

大宗师第六

知天之所为

知天之所为，知人之所为者，至矣。知天之所为者，天而生也；知人之所为者，以其知之所知，以养其知之所不知，终其天年而不中道夭者，是知之盛也。虽然，有患。夫知有所待而后当，其所待者特未定也。庸讵知吾所谓天之非人乎？所谓人之非天乎？

且有真人而后有真知。何谓真人？古之真人，不逆寡，不雄成，不谟士。若然者，过而弗悔，当而不自得也。若然者，登高不慄，入水不濡，入火不热。是知之能登假于道者也若此。古之真人，其寝不梦，其觉无忧，其食不甘，其息深深。真人之息以踵，众人之息以喉。屈服者，其嗌言若哇。其耆欲深者，其天机浅。

[解疑释惑]

有所待：有所依凭。

特：但，不过。

雄成：指凭借自己取得的成绩而傲视他人，凌驾他人。

谟：图谋、算计。

濡(rú)：沾湿。

嗌(ài)：咽喉闭塞。

大宗师第六

[译文]

知道自然的作为，又知道人的作为，这就达到了认识的极点。知道自然的作为，就明白万物源于自然；知道人的作为，就会用他智慧所通晓的知识去养成他所未能通晓的知识，安享天年而不是中途夭折，这就是认识的最高境界了。虽然这样，还是存有问题。知识需要依凭其他条件才能得到肯定，而其他条件却是不稳定的。怎么知道我所说的自然不是人为的呢？怎么知道我所说的人为不是自然的呢？

况且有了真人才会出现真知。什么叫真人呢？古时候的真人不倚众凌寡，不炫耀成就，不从事图谋。像这样的人，错过时机不会后悔，赶上机遇不会得意。像这样的人，登上高处不会害怕，下到水里不会沾湿，人到火中不觉灼热。这只有智慧达到道的境界的人才能这样啊。古时候的真人，睡觉时不做梦，醒来后没烦恼，吃东西不追求美味，呼吸时气息深沉。真人的呼吸直达脚跟，一般人的呼吸只靠喉咙。呼吸不畅的人，喉咙发出的声音就像打结一样。那些嗜好和欲望太深的人，他们天赋的智慧也就很浅了。

古之真人，不知说生，不知恶死；其出不訢，其入不距；翛然而往，翛然而来而已矣。不忘其所始，不求其所终；受而喜之，忘而复之，是之谓不以心损道，不以人助天。是之谓真人。若然者，其心忘，其容寂，其颡頯；凄然

大宗师第六

似秋，煖然似春，喜怒通四时，与物有宜而莫知其极。

故圣人之用兵也，亡国而不失人心；利泽施乎万世，不为爱人。故乐通物，非圣人也；有亲，非仁也；天时，非贤也；利害不通，非君子也；行名失己，非士也；亡身不真，非役人也。若狐不偕、务光、伯夷、叔齐、箕子、胥余、纪他、申徒狄，是役人之役，适人之适，而不自适其适者也。

[译文]

古时候的真人，不懂得喜爱生命，也不懂得厌恶死亡；出生不欣喜，入死不推辞；从容而去，从容而来。不淡忘自己从哪儿来，也不关心自己往哪儿去；任何遭遇都欣然接受，无所牵挂而回到了自己的本然状态，这就叫不用心智去损害道，也不用人为去帮助自然。这就叫真人。像这样的人，内心忘掉了一切，容貌淡漠，面额端庄；冷肃时像秋天，温暖时像春天，喜怒与四时更替一样自然，随万物变化而起伏，没有人能知道他的究竟。

所以圣人指挥作战，消灭敌国却不失民心；用恩泽施加于万世后代，却并不为了偏爱世人。所以有心和人交往的，不是圣人；有偏爱，不是仁人；伺机行事，不是贤人；看不清利害关系的，不是君子；办事追求

[解疑释惑]

訢："欣"的异体字，高兴的意思。

距：通"拒"，拒绝、回避的意思。

翛(xiāo)然：无拘束，自由自在的样子。

颡(sǎng)：额。

頯(qiú)：宽大的样子。

煖(xuān)：同"煊"，温暖的意思。

亲：这里指偏爱。

大宗师第六

名声而失掉自我的，不是读书人；牺牲生命却失去本性的，不可以治理世人。像狐不偕、务光、伯夷、叔齐、箕子、胥余、纪他、申徒狄，这些人都是被别人所驱使，让别人安适，而不能让自己安适的人。

古之真人，其状义而不朋，若不足而不承；与乎其觚而不坚也，张乎其虚而不华也；邴乎其似喜乎！崔乎其不得已乎！滀乎进我色也，与乎止我德也；厉乎其似世乎！謷乎其未可制也；连乎其似好闭也，悗乎忘其言也。以刑为体，以礼为翼，以知为时，以德为循。以刑为体者，绰乎其杀也；以礼为翼者，所以行于世也；以知为时者，不得已于事也；以德为循者，言其与有足者至于丘也；而人真以为勤行者也。故其好之也一，其弗好之也一。其一也一，其不一也一。其一与天为徒，其不一与人为徒。天与人不相胜也，是之谓真人。

[解疑释惑]

与乎：容与，态度自然安闲的样子。

觚(gū)：特立超群。

邴(bǐng)乎：欣喜的样子。

崔乎：开始行动的样子。

滀(chù)乎：本指水之停聚貌，这里引申形容人的容颜和悦而有光泽。

悗(mèn)乎：心不在焉的样子。

为时：等待时机。

[译文]

古时候的真人，神情高雅而不矜持，好像不足却

大宗师第六

又无所承受；态度安闲、特立超群而不固执，心胸开阔而不浮华；欣然自得像是很高兴，做起事来又像是迫不得已！容颜和悦让人容易亲近，德性宽和让人容易依靠；神态威严像是能容纳世界！气度豪迈不受任何限制；绵邈深远好像喜欢隐藏，心不在焉又好像忘记了要说的话。他把刑律当作主体，把礼仪当作羽翼，把知识当作时机，把德行当作顺应。把刑律当作主体，对一切明察秋毫；把礼仪当作羽翼，借此在人间行走；把知识当作时机，做事都出于不得已；把德行当作顺应，像是说有脚的人就能够登上山丘，而世人却真以为他是勤于行走的人。所以说世间万物，喜欢它，它是一体，不喜欢它，它也是一体。体验到一体时，它是一体，体验不到一体时，它也是一体。体验到一体时是指与自然相处，体验不到一体时是指与人相处。自然与人不相冲突，做到这一点的就叫作真人。

[脑力体操]

你知道伯夷、叔齐的故事吗？

脑力体操答案：伯夷是商朝末年孤竹君长子，叔齐是其弟。周武王伐纣，伯夷与叔齐劝谏。武王灭商后，他们隐居首阳山，不食周粟而死。

大宗师第六

[解疑释惑]
卓：特立，高超；这里实指“道”。
愈：胜，超过。
涸(hé)：水干。
呴(xū)：张口出气。
濡(rú)：沾湿的意思。
大块：大地。这里可以理解为大自然。
佚(yì)：通“逸”，闲逸的意思。
山(shàn)：通“汕”，捕鱼的用具。
遯(dùn)：“遁”的异体字，逃脱、丢失的意思。
犯：承受。

[经典名句]
相濡以沫，不如相忘于江湖。

[成语辞典]
相濡以沫：比喻同处困境而相互救助。
善始善终：有好的开头，也有好的结尾。

相濡以沫

死生，命也，其有夜旦之常，天也。人之有所不得与，皆物之情也。彼特以天为父，而身犹爱之，而况其卓乎！人特以有君为愈乎己，而身犹死之，而况其真乎！

泉涸，鱼相与处于陆，相呴以湿，相濡以沫，不如相忘于江湖。与其誉尧而非桀也，不如两忘而化其道。夫大块载我以形，劳我以生，佚我以老，息我以死。故善吾生者，乃所以善吾死也。

夫藏舟于壑，藏山于泽，谓之固矣。然而夜半有力者负之而走，昧者不知也。藏小大有宜，犹有所遯。若夫藏天下于天下而不得所遯，是恒物之大情也。特犯人之形而犹喜之，若人之形者，万化而未始有极也，其为乐可胜计邪！故圣人将游于物之所不得遯而皆存。善夭善老，善始善终，人犹效之，又

大宗师第六

况万物之所系，而一化之所待乎！

[译文]

死与生，是由天命决定的，犹如黑夜和白天交替那样，是个自然现象。人对这些是无法干预的，这就是万物的实际状况。人们把天看作是生命之父，终身爱戴它，何况是对那卓然独立的道呢！人们把国君看作是在自己之上的，愿意为他牺牲生命，何况是对那无比真实的道呢？

泉水干涸了，鱼儿被困在陆地上，互相吹气来湿润对方，互相吐沫来滋润对方，其实还不如将过去江湖里的生活彻底忘记。与其赞美尧而批评桀，不如把他们都忘掉而融化于道中。大地用形体让我寄托，用生活让我劳苦，用老年让我安闲，用死亡让我休息。所以，那善于安排我生存的，也将善于安排我死亡。

将船藏在山谷里，将渔具藏在深水里，可说是十分牢靠了。然而半夜里有个大力士把它们背走了，睡梦中的人们还不知道呢。把小东西藏在大东西里是对的，但还是会遗失。如果把天下藏在天下里而使它无从遗失，这就是万物恒久不变的状况。人拥有了人的形体便会十分欣喜，但像人这样的形体，千变万化无穷无尽，那快乐还能计算吗？所以圣人遨游在万物无从遗失的环境里而与万物共存亡。那些能很好安排少年、老年、开始、终结的人，人们尚且会效法他，何况是那万物所赖以维系、各种变化所依托的道呢！

[脑力体操]

你知道纣是谁吗？

脑力体操答案：纣是商朝的末代国君，公元前1075—前1046年在位。他横征暴敛，残暴异常。后周武王伐纣，他兵败自焚，商朝随之灭亡。

大宗师第六

夫道

夫道，有情有信，无为无形；可传而不可受，可得而不可见；自本自根，未有天地，自古以固存；神鬼神帝，生天生地；在太极之上而不为高，在六极之下而不为深，先天地生而不为久，长于上古而不为老。狶韦氏得之，以挈天地；伏戏氏得之，以袭气母；维斗得之，终古不忒；日月得之，终古不息；堪坏得之，以袭昆仑；冯夷得之，以游大川；肩吾得之，以处大山；黄帝得之，以登云天；颛顼得之，以处玄宫；禺强得之，立乎北极；西王母得之，坐乎少广。莫知其始，莫知其终。彭祖得之，上及有虞，下及五伯；傅说得之，以相武丁，奄有天下，乘东维，骑箕尾，而比于列星。

[解疑释惑]
狶(xī)韦氏：传说中远古时代的帝王。
维斗：北斗星。
忒(tè)：差错。
堪坏(pēi)：传说中人面兽身的昆仑山神。
冯夷：传说中的河神。
肩吾：传说中的泰山之神。
黄帝：即轩辕氏，传说中的古代帝王，中原各族的始祖。
颛顼(zhuān xū)：传说为黄帝之孙，即帝高阳。
禺强：传说中人面鸟身的北海之神。
西王母：古代神话中的女神，居于少广山。

[译文]

道是真实而可信的，但它又是无作为和无形迹

大宗师第六

的；道可以心传却不可以口授，可以领悟却不可以看见；道自身就是本、就是根，天地没有出现之前道一直就已经存在；道造就了鬼神和天帝，造就了上天和大地；在太极之上不算高，在六合之下不算深，先于天地存在不算久，比上古年长不算老。狶韦氏得到它，用来统驭天地；伏羲氏得到它，用来调和阴阳；北斗星得到它，永不改变方位；太阳和月亮得到它，永不改变运行；堪坏得到它，用来人主昆仑山；冯夷得到它，用来巡游大江大河；肩吾得到它，用来驻守泰山；黄帝得到它，用来登上云天；颛顼得到它，用来人居玄宫；禺强得到它，用来立足北极；西王母得到它，用来坐镇少广山。没有人知道它的开始，也没有人知道它的终结。彭祖得到它，从远古的有虞时代一直活到五伯时代；傅说得到它，用来辅佐武丁，统一天下，然后乘着东维星，骑着箕尾星，跻身于星神的行列。

[脑力体操]

你知道五伯是指哪些人吗？

脑力体操答案：五伯指春秋时先后称霸的五个诸侯，即齐桓公、宋襄公、晋文公、秦穆公、楚庄王。

大宗师第六

撄宁

南伯子葵问乎女偊曰："子之年长矣，而色若孺子，何也？"曰："吾闻道矣。"南伯子葵曰："道可得学邪？"曰："恶！恶可！子非其人也。夫卜梁倚有圣人之才而无圣人之道，我有圣人之道而无圣人之才，吾欲以教之，庶几其果为圣人乎！不然，以圣人之道告圣人之才，亦易矣。吾犹告而守之，三日而后能外天下；已外天下矣，吾又守之，七日而后能外物；已外物矣，吾又守之，九日而后能外生；已外生矣，而后能朝彻；朝彻，而后能见独；见独，而后能无古今；无古今，而后能入于不死不生。杀生者不死，生生者不生。其为物，无不将也，无不迎也；无不毁也，无不成也。其名为撄宁。撄宁也者，撄而后成者也。"

南伯子葵曰："子独恶乎闻之？"

[解疑释惑]

女偊（yǔ）：古时怀道者，一说是妇人。
守：持守，修守，这里指内心凝寂，善于自持而不懈怠。
外：遗忘。
朝彻："朝"指朝阳，"彻"指明彻，这里用早晨太阳初升时的清新明彻，喻指物我皆忘的凝寂空灵的心境。
独：指不受任何事物影响，也不对任何事物有所依赖。实际指的就是道。
杀：灭除，含有摒弃、忘却之意。
撄（yīng）：扰乱。
副墨、洛诵、瞻明、聂许、需役、於（wū）讴（ōu）、玄冥、参寥、疑始：均为假托的寓言人物名。副墨指书本；洛诵指背诵；瞻明指目视明晰；聂许指听理清楚；需役指勤行不怠；於讴指吟咏领会；玄冥指深远虚寂；参寥指高旷寥远；疑始指迷茫而无所本。

大宗师第六

曰："闻诸副墨之子，副墨之子闻诸洛诵之孙，洛诵之孙闻之瞻明，瞻明闻之聂许，聂许闻之需役，需役闻之於讴，於讴闻之玄冥，玄冥闻之参寥，参寥闻之疑始。"

[译文]

南伯子葵问女偊道："你岁数很大了，但容貌却像孩子一样，这是什么缘故呢？"女偊回答："我领悟道了。"南伯子葵问："道可以学习吗？"女偊回答说："不！不可以！你不是可以学习道的人。卜梁拥有圣人的才气却没有圣人的心境，我有圣人的心境却没有圣人的才气，我想开导他，或许他真能成为圣人呢！即使不这样的话，把圣人的心境告诉具有圣人才气的人，也是比较容易的。我告诉他要持守，三天后便能遗忘天下；既已遗忘天下，我又凝寂持守，七天后便能遗忘万物；既已遗忘外物，我又凝寂持守，九天后便能遗忘生命；既已遗忘生命，然后便能透彻通达；透彻通达了，然后便能领悟道了；既已领悟道了，然后便没有古今之分；没有古今之分，然后便进人不生不死的境界。摒弃生命的不会死，产生生命的不会生。对于万物，道没有不相送，没有不相迎；没有不毁灭，没有不成全，这就叫'撄宁'。撄宁，就是在万物纷扰中保持宁静。"

南伯子葵又问："你是怎么领悟到道的呢？"女偊答道："我从副墨的儿子那里听到的，副墨的儿子从洛诵的孙子那里听到的，洛诵的孙子从瞻明那里

大宗师第六

听到的，瞻明从聂许那里听到的，聂许从需役那里听到的，需役从於讴那里听到的，於讴从玄冥那里听到的，玄冥从参寥那里听到的，参寥从疑始那里听到的。”

[脑力体操]

你知道古人所说的孺子是什么意思吗？

脑力体操答案：古人所说的孺子是指儿童、后生，或者指少年美女。

大宗师第六

莫逆于心

子祀、子舆、子犁、子来四人相与语曰："孰能以无为首，以生为脊，以死为尻，孰知死生存亡之一体者，吾与之友矣。"四人相视而笑，莫逆于心，遂相与为友。

俄而子舆有病，子祀往问之。曰："伟哉夫造物者，将以予为此拘拘也！"曲偻发背，上有五管，颐隐于齐，肩高于顶，句赘指天，阴阳之气有沴，其心闲而无事，跰𨇤而鉴于井，曰："嗟乎！夫造物者又将以予为此拘拘也！"

子祀曰："女恶之乎？"曰："亡，予何恶！浸假而化予之左臂以为鸡，予因以求时夜；浸假而化予之右臂以为弹，予因以求鸮炙。浸假而化予之尻以为轮，以神为马，予因以乘之，岂更驾哉！且夫得者，时也，失者，顺也；安时而处顺，哀乐不能入也。此古之所

[解疑释惑]

尻(kāo)：脊骨最下端，也泛指臀部。

曲偻(lóu)：弯腰。

句(gōu)赘：脊椎隆起状如赘瘤。

沴(lì)：阳阳之气不和而生出的灾害。

跰𨇤(pián xiān)：蹒跚，步态不稳的样子。

鸮(xiāo)炙(zhì)：即烤熟的斑鸠肉。鸮：斑鸠。炙：烤熟的肉。

大宗师第六

谓县解也。而不能自解者，物有结之。且夫物不胜天久矣，吾又何恶焉！”

［译文］

子祀、子舆、子犁、子来四个人在一块谈话道：“谁能把无当作头，把生当作脊柱，把死当作臀部，谁能明白生死存亡浑然一体的道理，我想和这样的人交朋友。”四个人会心地相视而笑，心心相印，于是结为朋友。

不久子舆生了病，子祀前去探望他。子舆说：“伟大的造物者啊，怎么将我变成如此蜷曲的样子！”子舆腰弯背驼，五脏挤在背部，下巴隐在肚脐之下，双肩高过头顶，弯曲的脊椎朝向天空，阴阳气血失调，但子舆却心情悠闲若无其事，蹒跚着来到井边，看着井水里的身影说：“哎呀，造物者竟把我变成如此蜷曲的样子！”

子祀问：“你讨厌这副样子吗？”子舆回答：“不，我怎么会讨厌呢！假如我的左臂变成了公鸡，我就用它来报晓；假如我的右臂变成了弹弓，我就用它来打鸟烤了吃。假如我的臀部变成了车轮，我的心神变成了马，我就乘坐这辆车，难道还要换别的马车吗？况且生命的获得，是因为适时，生命的失去，需要顺应；安于适时顺应变化，悲哀和欢乐就不会影响内心。这就是古人所说的解除了倒悬之苦。那些不能自我解除的人，是被外物束缚住了。况且万物不能超越自然由来已久，我又怎么会讨厌呢？”

俄而子来有病，喘喘然将死，其妻子环而泣之。子犁往问之，曰：“叱！

大宗师第六

避！无怛化！”倚其户与之语曰：“伟哉造化！又将奚以汝为，将奚以汝适？以汝为鼠肝乎？以汝为虫臂乎？”

子来曰：“父母于子，东西南北，唯命之从。阴阳于人，不翅于父母；彼近吾死而我不听，我则悍矣，彼何罪焉！夫大块载我以形，劳我以生，佚我以老，息我以死。故善吾生者，乃所以善吾死也。今之大冶铸金，金踊跃曰‘我且必为镆铘’，大冶必以为不祥之金。今一犯人之形，而曰‘人耳人耳’，夫造化者必以为不祥之人。今一以天地为大炉，以造化为大冶，恶乎往而不可哉！”成然寐，蘧然觉。

[解疑释惑]

怛（dá）：惊扰。

翅：这里作“啻”，“不翅”就是不啻。

成然：安闲熟睡的样子。

蘧（qú）然：惊喜的样子。

[经典名句]

相视而笑，莫逆于心。

[成语辞典]

莫逆之交（莫逆之友）：彼此心意相通，用以称情投意合、至好无嫌的朋友。

[译文]

不久子来生了病，呼吸急促像快要死了，他的妻子儿女围在床前哭泣。子犁前去探望，说：“去，走开！不要惊扰他！”他靠着门对子来说：“伟大的造物者啊！会把你变成什么样？会把你送到哪里去？把你变成老鼠的肝吗？把你变成虫的手吗？”

子来说：“子女对父母来说，无论东西南北，都无条件地服从。自然对人来说，相当于父母；它要我死

大宗师第六

而我却不听从，那是我的不孝，它有什么错呢！天地用形体让我寄托，用生活让我劳苦，用老年让我安闲，用死亡让我休息。所以善于安排我生命的，也将善于安排我的死亡。现在有个工匠在炼铁，铁跳起来说‘我一定要成为镆铘剑’，工匠肯定认为这块铁不吉祥。如今获得了人的外形，便说‘我是人，我是人’，造物者肯定认为这个人不吉祥。现在把天地当作大熔炉，把造物者当作工匠，去哪里不可以呢？”于是悄然无声地睡着了，又欣喜地醒过来。

[脑力体操]

你知道镆铘剑的故事吗？

脑力体操答案：相传春秋时干将、镆铘夫妇两人为楚王铸剑，三年剑成，雄剑取名为“干将”，雌剑取名为“镆铘”。干将知道楚王会因他造剑迟缓而杀他，所以藏下雄剑留给儿子，后来其子赤鼻终于报了杀父之仇。

大宗师第六

相与于无相与

子桑户、孟子反、子琴张三人相与语曰："孰能相与于无相与，相为于无相为？孰能登天游雾，挠挑无极，相忘以生，无所终穷？"三人相视而笑，莫逆于心，遂相与为友。

莫然有间而子桑户死，未葬。孔子闻之，使子贡往侍事焉。或编曲，或鼓琴，相和而歌曰："嗟来桑户乎！嗟来桑户乎！而已反其真，而我犹为人猗！"子贡趋而进曰："敢问临尸而歌，礼乎？"二人相视而笑曰："是恶知礼意！"

子贡反，以告孔子，曰："彼何人者邪？修行无有，而外其形骸，临尸而歌；颜色不变，无以命之。彼何人者邪？"孔子曰："彼，游方之外者也；而丘，游方之内者也。外内不相及，而丘使女往吊之，丘则陋矣。彼方且与造物者为人，而游乎天地之一气。彼

[解疑释惑]

挠挑：循环升登。

无极：这里指没有穷尽的太空。

为人：即相互作为伴侣。人：偶。

县(xuán)：通"悬"。

疣(yóu)：这里义同"瘤"。

疣(huàn)：疽。

无为之业：无所作为的境界。

愦(kuì)愦然：烦乱的样子。

大宗师第六

以生为附赘县疣，以死为决疣溃痈，夫若然者，又恶知死生先后之所在！假于异物，托于同体；忘其肝胆，遗其耳目；反覆终始，不知端倪；芒然彷徨乎尘垢之外，逍遥乎无为之业。彼又恶能愦愦然为世俗之礼，以观众人之耳目哉！”

[译文]

子桑户、孟子反、子琴张三人相互谈论说：“谁能在不相交往中相互交往，在不相帮助中相互帮助？谁能登上蓝天遨游在云雾里，徘徊在无穷的太空，忘掉自己的存在，永远没有尽头？”三个人会心地相视而笑，心心相印，于是结成好友。

没过多久，子桑户死了，还没有下葬。孔子听说了，派子贡去帮助料理丧事。孟子反和子琴张却一个在编曲，一个在弹琴，相互应和着唱歌道：“哎呀，子桑户啊！你已经返璞归真，可我们还活着呢！”子贡上前问道：“请问对着死尸唱歌，合乎礼仪吗？”两人相视笑了笑，说：“你哪里懂得礼的意思！”

子贡回去，把见到的情形告诉孔子，说：“他们是些什么人呢？不用礼仪来修养德行，放浪形骸，对着死尸唱歌，面色不改，难以描述，他们究竟是些什么人呢？”孔子说：“他们是逍遥于世俗之外的人，我却是世俗中人。外与内彼此不相干，可我却派你去吊唁，我太浅薄了！他们正与造物者相伴，遨游在天地之

大宗师第六

间。他们把生看作像赘瘤一样多余，把死看作是脓疮溃破一般，像这样的人，又怎么会在乎生死呢！假借不同的物质，寄托在同一身体上；遗忘内在的肝胆，忘却外在的耳目；开始和终结无尽地反复，毫无头绪；茫茫然徘徊于尘世之外，逍遥地遨游在无为的环境中。他们又怎么会忙乱地去遵循世俗的礼仪，去给众人看呢！”

子贡曰：“然则夫子何方之依？”孔子曰：“丘，天之戮民也。虽然，吾与汝共之。”子贡曰：“敢问其方。”孔子曰：“鱼相造乎水，人相造乎道。相造乎水者，穿池而养给；相造乎道者，无事而生定。故曰，鱼相忘乎江湖，人相忘乎道术。”子贡曰：“敢问畸人。”曰：“畸人者，畸于人而侔于天，故曰，天之小人，人之君子；天之君子，人之小人也。”

[解疑释惑]

方：方术，原则。

天之戮民：意思是受到自然惩罚的人。戮：刑戮。

造：往，适。

生：通“性”。生定：即性情平静安定。

畸（jī）人：即奇异的人，这里指不合于世俗的人。

侔（móu）：齐，同。

[译文]

子贡问：“那么老师将遵循什么原则呢？”孔子说：“我是上天所惩罚的人。即使这样，我也要与你一起努力。”子贡问：“请问有什么方法吗？”孔子回答：“鱼争相入水，人争相求道。争相入水的鱼，掘地成池

大宗师第六

便供养充足了；争相求道的人，闲适无为便性情安定了。所以说，鱼在江湖里可以相互忘记，人在道术中也可以相互忘记。”子贡问：“请问什么是畸人？”孔子回答：“所谓畸人，就是不同于世人而合于自然的人。所以说，自然的小人，便是人间君子；自然的君子，便是人间的小人。”

[脑力体操]

你知道子贡是谁吗？

脑力体操答案：子贡是春秋末卫国人，孔子的学生。善于辞令，也善于经商，历仕鲁、卫等国。

大宗师第六

颜回问仲尼

颜回问仲尼曰："孟孙才，其母死，哭泣无涕，中心不戚，居丧不哀。无是三者，以善处丧盖鲁国。固有无其实而得其名者乎？回壹怪之。"

仲尼曰："夫孟孙氏尽之矣，进于知矣。唯简之而不得，夫已有所简矣。孟孙氏不知所以生，不知所以死；不知孰先，不知孰后；若化为物，以待其所不知之化已乎！且方将化，恶知不化哉？方将不化，恶知已化哉？吾特与汝，其梦未始觉者邪！且彼有骇形而无损心，有旦宅而无耗精。孟孙氏特觉，人哭亦哭，是自其所以乃。且也相与吾之耳矣，庸讵知吾所谓吾之非吾乎？且汝梦为鸟而厉乎天，梦为鱼而没于渊。不识今之言者，其觉者乎，其梦者乎？造适不及笑，献笑不及排，安排而去化，乃入于寥天一。"

［解疑释惑］
涕：泪水。
若化：即顺应自然变化。
骇形：指人死后形体的惊人改变。
排：排解，消泄。

大宗师第六

[译文]

颜回问孔子道："孟孙才的母亲死了，他哭泣时没有眼泪，心中没有悲伤，居丧时也不哀痛。没有这三点，却以善于处理丧事而名闻鲁国。难道真有这种有名无实的人吗？我觉得很奇怪。"

孔子说："孟孙才做得很完美了，超过了懂得丧葬礼仪的人。人们无法做到从简治丧，他却已经做到了。孟孙才不过问人为何生，也不过问人为何死；不关心生与死孰先孰后；他顺应自然的变化，以等待他所不知道的变化的出现！况且即将变化，怎么知道不变化呢？即将不变化，怎么知道已经变化了呢！只有我和你，才是做梦般还没醒过来的人啊！人的形体有变化而心神不变，形体有迁移而没有精神的死亡。只有孟孙才明白这一点，所以人们哭，他也跟着哭，这就是他这样做的原因。再说人们互相称呼自己为我，又怎么知道我所讲的我不是我呢？如果你梦为鸟就会飞上蓝天，你梦为鱼就会潜入深渊。不知道正在说话的我们，是清醒的呢，还是在梦中？心情适意时来不及发笑，笑了却来不及排解，安于自然的变化并忘却死亡，就会进入寂寥虚空的自然之中。"

[脑力体操]

你知道颜回是谁吗？

脑力体操答案：颜回是春秋末鲁国人，名回，字子渊，孔子的学生。他贫居陋巷，箪食瓢饮，不改其乐。孔子曾盛赞他的德行。

大宗师第六

意而子见许由

意而子见许由。许由曰："尧何以资汝？"意而子曰："尧谓我：'汝必躬服仁义而明言是非。'"许由曰："而奚来为轵？夫尧既已黥汝以仁义，而劓汝以是非矣，汝将何以游夫遥荡恣睢转徙之涂乎？"意而子曰："虽然，吾愿游于其藩。"

许由曰："不然。夫盲者无以与乎眉目颜色之好，瞽者无以与乎青黄黼黻之观。"意而子曰："夫无庄之失其美，据梁之失其力，黄帝之亡其知，皆在炉捶之间耳。庸讵知夫造物者之不息我黥而补我劓，使我乘成以随先生邪？"

许由曰："噫！未可知也。我为汝言其大略。吾师乎！吾师乎！齑万物而不为义，泽及万世而不为仁，长于上古而不为老，覆载天地刻雕众形而不为巧，此所游已。"

[解疑释惑]

遥荡：逍遥放荡。

恣睢：放任不拘。

转徙：辗转变化。

藩：篱笆，这里喻指受到一定约束的境域。

黼(fǔ)黻(fú)：古代礼服上绣制的花纹。

齑(jī)：调和。

大宗师第六

[译文]

意而子去见许由。许由问："尧教给你什么了？"意而子答："尧对我说：'你一定要实行仁义并且明辨是非。'"许由说："那你还来我这里干什么呢？尧既然已经用仁义在你脸上刻下印记，又用是非割下你的鼻子，你还怎么能够遨游在逍遥闲散、放任不拘、变化无常的道路上呢？"意而子说："尽管如此，我还是希望能遨游在它的边缘。"

许由说："不可能。盲人无法欣赏美丽的容颜，瞎子无法欣赏多姿的色彩。"意而子说："无庄不再关心美貌，据梁放弃了勇力，黄帝忘掉了智慧，他们都是经过了道的锤炼才这样的。怎么知道造物者不会修复我脸上的刺字、补全我的鼻子，让我以完整之身来追随先生呢？"

许由说："唉！这可说不准。我为你讲个大概吧。我的老师啊！调和万物不是为了道义，施恩泽于万世不是出于仁义，生于上古不算年老，覆天载地、雕创众生不算技巧。这就是所要遨游的境界。"

[脑力体操]

你知道黥（qíng）、劓（yì）是怎么回事吗？

脑力体操答案：黥、劓都是古代的刑法，黥是用刀在人的额上刺刻，然后以墨涂之。劓是用刀割去人的鼻子。

大宗师第六

坐忘

颜回曰："回益矣。"仲尼曰："何谓也？"曰："回忘礼乐矣。"曰："可矣，犹未也。"他日复见，曰："回益矣。"曰："何谓也？"曰："回忘仁义矣。"曰："可矣，犹未也。"他日复见，曰："回益矣。"曰："何谓也？"曰："回坐忘矣。"仲尼蹴然曰："何谓坐忘？"颜回曰："堕肢体，黜聪明，离形去知，同于大通，此谓坐忘。"仲尼曰："同则无好也，化则无常也，而果其贤乎！丘也请从而后也。"

[解疑释惑]

益：多，增加，进步。

坐忘：端坐静心而物我两忘。

蹴(cù)然：惊奇不安的样子。

堕：毁废，摆脱。

黜：罢黜，摒弃。

去：抛弃。

[译文]

颜回说："我进步了。"孔子问："怎么说呢？"颜回答："我忘记礼乐了。"孔子说："好哇，不过还不够。"几天后颜回再去见孔子，说："我又进步了。"孔子问："怎么说呢？"颜回答："我忘记仁义了。"孔子说："好哇，不过还不够。"过了几天，颜回又去见孔子，说："我又进步了。"孔子问："怎么说呢？"颜回答："我坐忘了。"孔子惊讶地问："什么叫坐忘？"颜回答道："摆

大宗师第六

脱肢体，摒弃聪明，离开形体，抛弃知识，与大道同化为一体，这就叫坐忘。”孔子说：“能同，就不会有偏好；能化，就不会有执著。你真了不起啊！让我也跟随你一起努力。”

[脑力体操]

你知道许由的故事吗？

脑力体操答案：相传尧拟让君位给许由，许由不接受，逃至箕山下，农耕而食。尧又请他担任九州长官，他到颍水边洗耳，表示不愿听闻。

小庭婴戏图

大宗师第六

子舆与子桑

子舆与子桑友，而霖雨十日。子舆曰："子桑殆病矣！"裹饭而往食之。至子桑之门，则若歌若哭，鼓琴曰："父邪！母邪！天乎！人乎！"有不任其声而趋举其诗焉。

子舆入，曰："子之歌诗，何故若是？"曰："吾思夫使我至此极者而弗得也。父母岂欲吾贫哉？天无私覆，地无私载，天地岂私贫我哉？求其为之者而不得也。然而至此极者，命也夫！"

[解疑释惑]

霖雨：即连绵不断地下雨。霖：阴雨三日以上。

任：堪。

趋：急促。

[译文]

子舆和子桑是好朋友，接连下了十天雨，子舆说："子桑恐怕要饿得生病了。"便带着饭去给他吃。来到子桑门前，就听见子桑好像在唱歌，又好像在哭泣，而且还弹着琴："父亲啊！母亲啊！天啊！人啊！"声音急切短促，有气无力。

子舆走进屋子问："你唱歌，怎么会这样？"子桑回答说："我在想是谁让我落到这个地步，但想不出

大宗师第六

来。父母难道会希望我贫困吗？天无私地覆盖一切，地无私地承载一切，天地难道会单单让我贫困吗？我寻找使我贫困的原因，却找不到。那么我落到这个地步，就是命了！”

[脑力体操]

你知道子路吗？

脑力体操答案：子路是春秋末鲁国人，名由，孔子的学生，性格直爽勇敢。后在贵族内讧中被杀。

应帝王第七

四问而四不知

啮缺问于王倪，四问而四不知。啮缺因跃而大喜，行以告蒲衣子。

蒲衣子曰："而乃今知之乎？有虞氏不及泰氏。有虞氏，其犹藏仁以要人，亦得人矣，而未始出于非人。泰氏，其卧徐徐，其觉于于，一以己为马，一以己为牛；其知情信，其德甚真，而未始入于非人。"

[解疑释惑]

有虞氏：即舜。

泰氏：即伏羲氏。

要(yāo)：交结，这里含有笼络的意思。

徐徐：宽缓安闲的样子。

于于：悠然自得的样子。

[译文]

啮缺向王倪求教，四次提问王倪都回答不知道。啮缺于是高兴得跳了起来，跑去告诉蒲衣子。

蒲衣子说："你现在知道了吧？舜比不上伏羲氏。舜心怀仁义以笼络人心，他确实得到了人心，但他还没有超脱物我两分的困境。伏羲氏安闲地睡去，悠然地醒来；听任别人称自己为马，听任别人称自己为牛；他的知识真实可靠，他的德行真实可信，而且从不曾陷入物我两分的困境。"

[脑力体操]

你知道伏羲氏是谁吗？

脑力体操答案：伏羲氏是神话中人类的始祖，传说人类由他和女娲氏兄妹相婚而产生。

应帝王第七

肩吾见狂接舆

肩吾见狂接舆。狂接舆曰："日中始何以语女？"肩吾曰："告我君人者以己出经式义度，人孰敢不听而化诸！"

狂接舆曰："是欺德也。其于治天下也，犹涉海凿河，而使蚊负山也。夫圣人之治也，治外乎？正而后行，确乎能其事者而已矣。且鸟高飞以避矰弋之害，鼷鼠深穴乎神丘之下，以避熏凿之患，而曾二虫之无如！"

［解疑释惑］

日中始：庄子假托的寓言人物，为肩吾的老师。

以己出：用自己的意志来推行。

义：仪，法。

矰(zēng)：系有丝绳用来弋射的短箭。

弋(yì)：用丝绳系在箭上射飞鸟。

鼷(xī)鼠：小家鼠。

曾：竟。

［译文］

肩吾去见狂接舆。狂接舆问："日中始对你说了些什么？"肩吾答道："他告诉我，做国君的一定要用自己的意志去推行法度，百姓谁敢不听且不遵从呢？"

狂接舆说："这是扭曲人性的做法，那样治理天下，就像在海里开凿河道、让蚊子背负大山一样。圣人治理天下，是治理外表吗？他先端正自己，然后再行动，让有才能的人充分施展罢了。况且鸟儿懂得高飞以躲避弓箭的伤害，老鼠知道躲藏在神坛下的深洞

应帝王第七

里以逃避熏烟凿地的祸患，难道人竟还不如这两种小动物吗？”

［脑力体操］

你知道孟子是谁吗？

脑力体操答案：孟子是战国时的思想家、政治家、教育家，名轲，邹（今山东邹城东南）人。他把孔子“仁”的观念发展为“仁政”学说。著有《孟子》一书，为儒家经典之一。

应帝王第七

天根游于殷阳

天根游于殷阳，至蓼水之上，适遭无名人而问焉，曰："请问为天下。"无名人曰："去！汝鄙人也，何问之不豫也！予方将与造物者为人，厌，则又乘夫莽眇之鸟，以出六极之外，而游无何有之乡，以处圹埌之野。汝又何帛以治天下感予之心为？"又复问。无名人曰："汝游心于淡，合气于漠，顺物自然而无容私焉，而天下治矣。"

[解疑释惑]

豫：悦，愉快。

圹(kuàng)埌(làng)：无边无际的样子。

漠：这里指清静无为，居处漠然。

[译文]

天根在殷山南面游玩，走到蓼水河边，正巧遇上无名人，便向他请教说："请问治理天下的方法。"无名人说："走开，你这个见识浅薄的人，怎么一张口就让人不愉快！我正打算跟造物者结伴，厌烦时乘上虚无缥缈的鸟，飞出天地六合之外，遨游在什么也不存在的地方，居处在广阔无垠的原野。你怎么能用治理天下的话来扰乱我的心呢？"天根又再问了一次。无名人说："你让心境安静下来，让心神无动于衷，顺应万物自然而没有个人的偏爱，天下也就治理好了。"

[脑力体操]

你知道墨子是谁吗？

脑力体操答案：墨子是春秋战国之际的思想家、政治家，墨家的创始人，名翟。主张非攻、兼爱，对当时思想界影响很大，与儒家并称"显学"。现存《墨子》五十三篇。

应帝王第七

明王之治

阳子居见老聃，曰："有人于此，向疾强梁，物彻疏明，学道不勌。如是者，可比明王乎？"老聃曰："是于圣人也，胥易技系，劳形怵心者也。且也虎豹之文来田，猨狙之便来藉。如是者，可比明王乎？"阳子居蹴然曰："敢问明王之治。"老聃曰："明王之治，功盖天下而似不自己，化贷万物而民弗恃；有莫举名，使物自喜；立乎不测，而游于无有者也。"

[译文]

阳子居去见老聃，说："有这样一个人，办事敏捷果断，认识事物透彻准确，学道勤奋孜孜不倦。像这样的人，可以与明王相比吗？"老聃说："与圣人相比，他知识上没有主见，肢体上受到束缚，形体劳累，身心不安。虎豹因为毛色美丽而招来围捕，猕猴因为跳跃敏捷而被套上绳索。像这样的人，能与明王相比吗？"阳子居听了脸色顿改，问："请问明王是如何治理天下的？"老聃说："明王治理天下，功绩泽被天下却像与己无关，教化施及万物而百姓却不

[解疑释惑]

向疾：像回声那样迅疾敏捷。

强梁：强干果决。

勌(juàn)："倦"的异体字。

胥：通"谞(xǔ)"，智慧、知识的意思。

怵(chù)心：心里感到恐惧、害怕。

田：打猎。

来藉：招致绳索的拘缚。

举：称述，描述。

应帝王第七

觉得有所依赖；功德无量却无法描述赞美，使万物各安其所而欣然自喜；立足于高深莫测的境界，遨游在虚空的世界里。”

[脑力体操]

你知道阳子居是谁吗？

脑力体操答案：阳子居即杨朱，又称杨子、杨生、阳生，战国时魏国人，其学说与墨翟俱称显学，对当时社会影响颇大。

应帝王第七

郑有神巫曰季咸

郑有神巫曰季咸，知人之死生存亡、祸福寿夭，期以岁月旬日，若神。郑人见之，皆弃而走。列子见之而心醉，归，以告壶子，曰："始吾以夫子之道为至矣，则又有至焉者矣。"壶子曰："吾与汝既其文，未既其实，而固得道与？众雌而无雄，而又奚卵焉！而以道与世亢，必信，夫故使人得而相汝。尝试与来，以予示之。"

明日，列子与之见壶子。出而谓列子曰："嘻！子之先生死矣！弗活矣！不以旬数矣！吾见怪焉，见湿灰焉。"列子入，泣涕沾襟以告壶子。壶子曰："乡吾示之以地文，萌乎不震不止。是殆见吾杜德机也。尝又与来。"

明日，又与之见壶子。出而谓列子曰："幸矣，子之先生遇我也！有瘳矣，全然有生矣！吾见其杜权矣。"列

[解疑释惑]

亢：通"抗"，对付、打交道的意思。

湿灰：用于描写神情。死灰犹可复燃，而水湿之灰已无复燃可能，喻指必死无疑。

杜：闭塞。

德机：至德的生机。

瘳(chōu)：病愈，这里指疾病大大减轻。

善者机：即一线生机。

应帝王第七

子入，以告壶子。壶子曰：“乡吾示之以天壤，名实不入，而机发于踵。是殆见吾善者机也。尝又与来。”

[译文]

郑国有个神巫叫季咸，他能预测人的生死、存亡、祸福、寿夭，预卜的年、月、旬、日都准确应验，像神仙一样。郑国人见到他，都纷纷避开。列子见到他却十分敬佩，回去告诉壶子说：“起初我以为老师的道行最高深了，现在又看到更高深的。”壶子说：“我教给你的只是外在的东西，还未教实质内容，你就以为明白道了吗？全是雌性没有雄性，怎么会产卵呢！你用学到的皮毛与世人打交道，求取信任，所以会让人算出你的命运。你试着请他来，给我看看相吧。”

第二天，列子与季咸一起来见壶子。季咸出门后对列子说：“唉！你的老师快要死了！活不长了，不会超过十天！我看他神色不对，呼吸像湿灰一样沉重。”列子进到屋里，流着眼泪把季咸的话告诉壶子。壶子说：“刚才我给他看的是地象，是不动不止的阴静状态。这样他看到的恐怕是我闭塞的生机。再请他来看看。”

第二天，列子又与季咸一起来见壶子。季咸出门后对列子说：“幸运啊，你的老师遇上了我！有救了，全然有生气了，我已经看到闭塞的生机有活动了。”列子进到屋里，把季咸的话告诉壶子。壶子说：“刚才我给他看的是天地相通之象，名与实都被排除在外，生机从脚跟发出。这样他恐怕看到我有一线生机了。再请他来看看。”

应帝王第七

明日，又与之见壶子。出而谓列子曰：“子之先生不齐，吾无得而相焉。试齐，且复相之。”列子入，以告壶子。壶子曰：“乡吾示之以太冲莫胜。是殆见吾衡气机也。鲵桓之审为渊，止水之审为渊，流水之审为渊。渊有九名，此处三焉。尝又与来。”

明日，又与之见壶子。立未定，自失而走。壶子曰：“追之！”列子追之不及，反，以报壶子曰：“已灭矣，已失矣，吾弗及已。”壶子曰：“乡吾示之以未始出吾宗。吾与之虚而委蛇，不知其谁何，因以为弟靡，因以为波流，故逃也。”

然后列子自以为未始学而归，三年不出。为其妻爨，食豕如食人。于事无与亲，雕琢复朴，块然独以其形立。纷而封哉，一以是终。

[解疑释惑]

太冲：太虚。

鲵（ní）：鲸鱼，这里泛指大鱼。

桓：盘桓。

审：水回流而聚积的地方。

委蛇（yí）：随顺应付。

爨（cuàn）：烧火行炊。

封：守，这里指能够持守本真。

[成语辞典]

虚与委蛇：假意殷勤，敷衍应付。

[译文]

第二天，列子又与季咸一起来见壶子。季咸出门

应帝王第七

后对列子说："你的老师心迹不定，我没法给他看相。等他安静下来，我再来给他看相。"列子进到屋里，把季咸的话告诉壶子。壶子说："刚才我给他看的是太虚无迹之象。这样他恐怕看到我神情平衡的生机了。大鱼逗留的地方形成深渊，静止的河水聚积的地方形成深渊，流动的河水滞留的地方形成深渊。深渊有九种称呼，这里显示了三种。再请他来看看。"

第二天，列子又与季咸一起来见壶子。季咸还未站定，就不能自持地跑了。壶子说："追上他！"列子没追上，回来告诉壶子说："已经没有影子了，跑掉了，我没追上他。"壶子说："刚才我给他看的是完全不离本源的状态，我用空虚之心顺应他，使他弄不清我到底是谁，一会以为我顺风而倒，一会以为我随波逐流，所以他只好逃走了。"

这之后，列子才知道自己什么都没学会，然后回到家里，三年不出门。他帮助妻子烧火做饭，喂猪就像侍候人一样。对于各种世事毫不在乎，抛弃雕琢，恢复质朴，超然独立于尘世之外。在纷扰的人间固守本性，并且终生不渝。

［脑力体操］

你知道壶子是谁吗？

脑力体操答案：壶子是战国时郑国人，名林，相传为列御寇的老师。

应帝王第七

用心若镜

无为名尸，无为谋府；无为事任，无为知主。体尽无穷，而游无朕；尽其所受乎天，而无见得，亦虚而已。至人之用心若镜，不将不迎，应而不藏，故能胜物而不伤。

[解疑释惑]

尸：引申指寄托的场所。

无朕(zhèn)：即不留下踪迹。朕：迹。

见(xiàn)：表露。

胜物：指足以反映事物。

[译文]

不要占有名声，不要施展谋略；不要承担责任，不要运用智慧。体验无穷无尽的变化，遨游于无痕无迹的境界；任其所能秉承自然，无所见也无所得，心境淡泊无所追求。至人的心境就像一面镜子，对外物是来即照去不留，只应合不留存，所以能反映万物变化而不会损伤。

[脑力体操]

你知道法家是什么学派吗？

脑力体操答案：法家是战国时的一个重要学派，主张法治和严刑峻法。主要著作有《商君书》和《韩非子》等，对后来法学思想影响很大。

应帝王第七

浑沌之死

南海之帝为儵，北海之帝为忽，中央之帝为浑沌。儵与忽时相与遇于浑沌之地，浑沌待之甚善。儵与忽谋报浑沌之德，曰：“人皆有七窍以视听食息，此独无有，尝试凿之。”日凿一窍，七日而浑沌死。

[解疑释惑]
报：报答。
息：呼吸。

[译文]

南海的皇帝名叫儵，北海的皇帝名叫忽，中央的皇帝叫浑沌。儵与忽常常在浑沌的土地上相会，浑沌对待他们非常友好。儵和忽想要报答浑沌的情谊，说：“人都有七窍，用来看、听、吃喝、呼吸，惟独浑沌没有，我们试着为他凿开七窍。”他们每天凿开一窍，七天后，浑沌死了。

[脑力体操]

你知道人有哪七窍吗？

脑力体操答案：人的七窍是指头部的七个孔穴，即两眼、两耳、两鼻孔和嘴。

外篇

骈拇第八

大惑易性

夫小惑易方，大惑易性。何以知其然邪？自虞氏招仁义以挠天下也，天下莫不奔命于仁义，是非以仁义易其性与？故尝试论之。自三代以下者，天下莫不以物易其性矣。小人则以身殉利，士则以身殉名，大夫则以身殉家，圣人则以身殉天下。故此数子者，事业不同，名声异号，其于伤性以身为殉，一也。臧与谷，二人相与牧羊而俱亡其羊。问臧奚事，则挟筴读书；问谷奚事，则博塞以游。二人者，事业不同，其于亡羊均也。伯夷死名于首阳之下，盗跖死利于东陵之上。二人者，所死不同，其于残生伤性均也，奚必伯夷之是而盗跖之非乎！天下尽殉也：彼其所殉仁义也，则俗谓之君子；其所殉货财也，则俗谓之小人。其殉一也，则有君子焉，有小人焉；若其残生

[解疑释惑]

易：改变。

挠：搅乱。

殉：为某一目的牺牲生命。

臧、谷：指家奴和童仆。

亡：丢失。

筴（cè）："策"的异体字，这里指书简。

[经典名句]

小惑易方，大惑易性。

小人则以身殉利，士则以身殉名，大夫则以身殉家，圣人则以身殉天下。

骈拇第八

损性，则盗跖亦伯夷已，又恶取君子小人于其间哉！

[译文]

小的迷惑会使人弄错方向，大的迷惑会使人改变本性。怎么知道是这样的呢？自从虞舜标举仁义来召令天下，天下的人就都在为仁义争相奔走，这不是用仁义来改变人的本性吗？现在来谈一下这个问题。从夏、商、周三代以来，人为了外物都改变了本性。百姓为了利益而牺牲，读书人为了名声而牺牲，大夫为了家族而牺牲，圣人为了天下而牺牲。所以这四种人，做的事情不同，各自的称呼不同，但他们在牺牲生命、改变本性方面却是一样的。臧与谷两个人一起放羊，羊却跑丢了。问臧在做什么，他说在读书；问谷在做什么，他说在玩投骰子的游戏。这两个人所做的事不一样，但丢失了羊却是一样的。伯夷为了贤名死在首阳山下，盗跖为了财富死在东陵山上，这两个人死去的原因不同，但残害生命、损伤本性却是相同的。何必要称赞伯夷而责备盗跖呢！天下人都在牺牲生命：为仁义牺牲的，人们称他为君子；为财富牺牲的，人们称他为小人。同样是牺牲生命，有的被称为君子，有的被称为小人。如果就残害生命、损伤本性而言，那么盗跖也和伯夷一样了，又怎么能在他们中间区分君子和小人呢！

[脑力体操]

你知道首阳山在哪里吗？

脑力体操答案：首阳山又称首山，在山西省永济市蒲州镇南，海拔400米。因处中条山道之阳，故而得名。

马蹄第九

马蹄践雪

马，蹄可以践霜雪，毛可以御风寒，龁草饮水，翘足而陆，此马之真性也。虽有義台路寝，无所用之。及至伯乐，曰："我善治马。"烧之，剔之，刻之，雒之，连之以羁𬄛，编之以阜栈，马之死者十二三矣。饥之，渴之，驰之，骤之，整之，齐之，前有橛饰之患，而后有鞭筴之威，而马之死者已过半矣。陶者曰："我善治埴，圆者中规，方者中矩。"匠人曰："我善治木，曲者中钩，直者应绳。"夫埴木之性，岂欲中规矩钩绳哉？然且世世称之曰"伯乐善治马，而陶匠善治埴木"，此亦治天下者之过也。

[解疑释惑]

龁(hé)：咬嚼。

翘：扬起。

陆：通"踛(lù)"，跳跃。

義(é)台：即高台。義：通"峨"。

羁𬄛(zhí)：络首称为羁，络足称为𬄛。

阜(zào)：饲养马的槽。

橛(jué)：马口所衔之木，今用铁制，称作马口铁。

埴(zhí)：黏土。

[译文]

马，蹄可以践踏霜雪，毛可以抵御寒风，饿了吃草，渴了喝水，高兴时抬起脚跳来跳去，这是马的真实本性。即使给它高台大屋，也没什么用处。等到伯乐

马蹄第九

出现，他说："我很会训练马。"于是给马烙印、剪毛、削蹄、套上辔头，用络头和缰绳把马拴住，关进马槽中，这时已经有十分之二三的马死去了。饿了不给吃，渴了不给喝，驱赶它们疾行、奔跑，逼使它们步伐统一、列队整齐，前有勒口的痛苦，后有皮鞭的抽打，这时已经有一大半的马死去了。制陶的工匠说："我很会利用黏土，做成的陶器，圆的圆，方的方。"木匠说："我很会处理木材，做成的家具，弯的弯，直的直。"黏土和木材的本性难道是希望去迎合圆规、角尺、钩弧、墨线吗？但世间的人们还称赞说"伯乐很能训练马，陶匠、木匠很会利用黏土和木材"，治理天下的人所犯的过错也是如此。

[脑力体操]

你知道伯乐的故事吗？

脑力体操答案：伯乐是春秋时秦国人，为秦穆公之臣，相传善于识马、驯马。

胠箧第十

胠箧

将为胠箧、探囊、发匮之盗而为守备，则必摄缄縢、固扃鐍；此世俗之所谓知也。然而巨盗至，则负匮、揭箧、担囊而趋；唯恐缄縢、扃鐍之不固也。然则乡之所谓知者，不乃为大盗积者也？故尝试论之，世俗之所谓知者，有不为大盗积者乎？所谓圣者，有不为大盗守者乎？

何以知其然邪？昔者齐国邻邑相望，鸡狗之音相闻，罔罟之所布，耒耨之所刺，方二千余里。阖四竟之内，所以立宗庙社稷，治邑屋州闾乡曲者，曷尝不法圣人哉！然而田成子一旦杀齐君而盗其国，所盗者岂独其国邪？并与其圣知之法而盗之。故田成子有乎盗贼之名，而身处尧舜之安，小国不敢非，大国不敢诛，专有齐国。则是不乃窃齐国并与其圣知之法，以守其盗贼之身乎？

[解疑释惑]

胠(qū)：从旁打开。
箧(qiè)：箱子一类盛物的器具。
匮(guì)：柜子，后代写作“櫃”，今简化为“柜”。
摄：打结，收紧。
缄(jiān)縢(téng)：绳索。
扃(jiōng)：插闩。
鐍(jué)：锁钥。
揭：举，扛着。
乡：通“向”，先前的意思。
罟(gǔ)：各种网的总称。
耒(lěi)：犁。
耨(nòu)：锄。
阖(hé)：全。

胠箧第十

[译文]

为了对付撬箱子、掏口袋、开柜子的小偷而预先防备，一定要绑紧绳索、加固插闩和锁钥，这就是一般人所说的聪明做法。可是一旦大盗来了，背起柜子、扛起箱子、拎起口袋快步就跑，还唯恐绳索、插闩与锁钥不牢呢。那么先前所说的聪明做法，不就是在帮着大盗积累财富吗？所以我以为，世俗所谓的聪明人，有不帮着大盗积累财富的吗？所谓的圣人，有不帮着大盗看守财富的吗？

怎么知道是这样的呢？当年的齐国，邻近的村庄遥遥相望，鸡狗之声相互听得见，渔网所撒的水面，犁锄所耕的土地，方圆两千多里。整个国境之内，设立的宗庙、社稷，建立的邑、屋、州、闾、乡、里各级行政机构，何尝不是在效法古代圣人呢？然而田成子一朝杀了齐国国君，窃占了齐国，他所盗走的难道仅仅是齐国吗？他连同那里各种圣明的法规与制度也一起盗走了。所以田成子虽有盗贼的名声，却仍处于尧舜那样安稳的地位，小国不敢非议他，大国不敢讨伐他，长期统治着齐国。这不正是窃占了齐国以及那里圣明的法规和制度，并用来保护身为盗贼的自己吗？

[脑力体操]

你知道田成子是谁吗？

脑力体操答案：田成子，名恒，齐国大夫。他于鲁哀公十四年杀了齐简公，齐国大权从此落入田氏之手。

胠箧第十

窃钩者诛，窃国者侯

夫谷虚而川竭，丘夷而渊实。圣人已死，则大盗不起，天下平而无故矣。圣人不死，大盗不止。虽重圣人而治天下，则是重利盗跖也。为之斗斛以量之，则并与斗斛而窃之；为之权衡以称之，则并与权衡而窃之；为之符玺以信之，则并与符玺而窃之；为之仁义以矫之，则并与仁义而窃之。何以知其然邪？彼窃钩者诛，窃国者为诸侯，诸侯之门而仁义存焉。则是非窃仁义圣知邪？故逐于大盗、揭诸侯、窃仁义并斗斛权衡符玺之利者，虽有轩冕之赏弗能劝，斧钺之威弗能禁。此重利盗跖而使不可禁者，是乃圣人之过也。故曰："鱼不可脱于渊，国之利器不可以示人。"彼圣人者，天下之利器也，非所以明天下也。

[解疑释惑]

虚：空旷。
竭：干涸。
重(zhòng)圣人：使圣人之法得到重视。
斗斛(hú)：古代的两种量器，十斗为一斛。
权：秤锤。
衡：秤杆。
逐：竞逐，追随。揭诸侯：即高居于诸侯之位。揭：举。
轩冕：代指高官厚禄。轩：古代大夫以上的官员乘坐的车子。冕：古代大夫或诸侯所戴的礼帽。

[经典名句]

彼窃钩者诛，窃国者为诸侯。

胠箧第十

[译文]

山谷空旷时，河流便干涸，山丘夷平时，深潭便填满。圣人死了，那么大盗就不会再出现了，天下也就太平无事了。圣人不死，大盗就不会消失。即使依靠圣人来治理天下，获得最大好处的还是盗跖。为天下人制定斗斛的量器，结果连斗斛一起给盗走了；为天下人制定秤的量器，结果连秤一起给盗走了；为天下人制定符玺的信物，结果连符玺一起给盗走了；为天下人制定仁义的规范，结果连仁义一起给盗走了。怎么知道是这样的呢？那些偷窃腰带带钩之类小东西的人会被处死，而窃取国家的人却成了诸侯，有诸侯就有仁义存在。这不就是盗窃了仁义圣智吗？所以，那些追随大盗、居于诸侯之位、窃取仁义以及斗斛、秤具、符玺的人，即使有高官厚禄的赏赐也无法劝阻，即使有严刑峻法的威慑也无法禁止。这些对盗跖十分有利且无法禁止的情况，都是圣人的过错。因此说：“鱼不能离开水，国家的利器不能给人看。”那些圣人，就是治理天下的利器，是不可以用来明示天下的。

[脑力体操]

你知道符玺（xǐ）吗？

脑力体操答案：符玺是古代用作凭证的信物。符由两半组成，合在一起以验明真伪；玺就是印。

在宥第十一

莫若无为

而且说明邪？是淫于色也；说聪邪？是淫于声也；说仁邪？是乱于德也；说义邪？是悖于理也；说礼邪？是相于技也；说乐邪？是相于淫也；说圣邪？是相与艺也；说知邪？是相于疵也。天下将安其性命之情，之八者，存可也，亡可也；天下将不安其性命之情，之八者，乃始脔卷獊囊而乱天下也。而天下乃始尊之惜之，甚矣天下之惑也！岂直过也而去之邪！乃齐戒以言之，跪坐以进之，鼓歌以儛之，吾若是何哉！

故君子不得已而临莅天下，莫若无为。无为也而后安其性命之情。故曰："贵以身为天下，则可以托天下；爱以身为天下，则可以寄天下。"故君子苟能无解其五藏，无擢其聪明；尸居而龙见，渊默而雷声，神动而天随，

[解疑释惑]

说(yuè)：喜悦，现代写作"悦"。

脔(luán)卷：卷曲而不舒展的样子。

獊(cāng)囊：扰攘纷争的样子。

齐(zhāi)：通"斋"。

五藏：五脏。

擢(zhuó)：拔，提升，引申为有意显露。

尸居：意思就是像受祭的活人那样一动不动地坐着。尸：表示一动不动的样子。

龙：表示精神腾飞的样子。

累：游动的尘埃，浮尘。

在宥第十一

从容无为而万物炊累焉。吾又何暇治天下哉！

[译文]

而且喜好目明吗？是沉溺于色彩；喜好耳聪吗？是沉溺于声音；喜好仁爱吗？是扰乱了常态；喜好道义吗？是违反了常理；喜好礼仪吗？是助长了技巧；喜好音乐吗？是助长了淫乐；喜好圣智吗？是助长了才艺；喜好智慧吗？是助长了挑剔。天下人如果能安于生命的本性，这八种喜好，可以保留，也可以丢弃；天下人如果不能安于生命的本性，这八种喜好，就会互相干扰、纠缠不清，造成天下大乱。可是，天下人竟然一直尊崇它，珍惜它，受其迷惑竟到了这种地步！不会因为时间的流逝而放弃这些喜好，虔诚地谈论它，恭敬地传颂它，唱歌跳舞地赞美它，对此我能怎么样呢！

所以，君子不得已统治天下时，不如一切顺其自然。顺其自然才能使天下人安于生命的本性。所以说："看重自身甚于看重天下的人，可以把天下交给他；爱惜自身甚于爱惜天下的人，可以把天下托付给他。"所以，君子如果能不放纵欲望，不炫耀才华和智慧，安然不动而精神腾飞，沉默深沉而撼人至深，心神活动顺应自然，从容不迫一切顺其自然，万物就会像浮尘那样自由自在。我又何必去治理天下呢！

[脑力体操]

你知道人体五脏是指哪些器官吗？

脑力体操答案：体五脏是指心、肺、肝、脾、肾。

天地第十二

子高耕隐

尧治天下，伯成子高立为诸侯。尧授舜，舜授禹，伯成子高辞为诸侯而耕。禹往见之，则耕在野。禹趋就下风，立而问焉，曰："昔尧治天下，吾子立为诸侯。尧授舜，舜授予，而吾子辞为诸侯而耕。敢问，其故何也？"子高曰："昔尧治天下，不赏而民劝，不罚而民畏。今子赏罚而民且不仁，德自此衰，刑自此立，后世之乱自此始矣。夫子阖行邪？无落吾事！"俋俋乎耕而不顾。

[解疑释惑]
下风：下方。
劝：劝勉。
阖（hé）：通"盍"，怎么不的意思。
无：不要的意思。
落：荒废。
俋（yì）俋：用力耕地的样子。

[译文]

尧统治天下时，伯成子高被封为诸侯。尧传位给舜，舜传位给禹后，伯成子高便辞去诸侯之位，回家种田。禹前去拜访他时，伯成子高正在地里干活。禹快步走到下方，站着问道："当年尧治理天下时，先生被封为诸侯。尧传位给舜，舜又传位给了我，可是先生却放弃了诸侯之位来种田。请问这是什么原因呢？"伯成子高说："当年尧治理天下，不用奖赏而百姓勤

天地第十二

勉，不用刑罚而百姓敬畏。如今你实行赏罚，百姓却并不行善，德行从此衰败，刑罚从此建立，后世的祸乱也从此开始了。你怎么还不走呢？不要耽误我干活！”说完低头耕田，不再理会禹了。

[脑力体操]

你知道禹是谁吗？

脑力体操答案：禹是传说中古代部落联盟领袖。他奉舜命治理洪水，三过家门而不入，后被舜选为继承人。他的儿子启建立了中国历史上第一个奴隶制国家，即夏代。

天道第十三

轮扁斲轮

桓公读书于堂上，轮扁斲轮于堂下，释椎凿而上，问桓公曰："敢问，公之所读者何言邪？"公曰："圣人之言也。"曰："圣人在乎？"公曰："已死矣。"曰："然则君之所读者，古人之糟魄已夫！"桓公曰："寡人读书，轮人安得议乎！有说则可，无说则死。"轮扁曰："臣也以臣之事观之。斲轮，徐则甘而不固，疾则苦而不入。不徐不疾，得之于手而应于心，口不能言，有数存焉于其间。臣不能以喻臣之子，臣之子亦不能受之于臣，是以行年七十而老斲轮。古之人与其不可传也死矣，然则君之所读者，古人之糟魄已夫！"

[译文]

齐桓公在堂上读书，轮扁在堂下砍削车轮，他放下锥子和凿子走上朝堂，问齐桓公道："请问您所读的书说的是些什么呢？"齐桓公说："是圣人的言论。"

[解疑释惑]

斲、斵(zhuó)：砍削。均为"斫"的异体字。

甘：松缓。

苦：紧涩。

数：技巧。

[成语辞典]

得心应手：形容技艺纯熟或学识融会贯通，使用自如。也形容做事顺手如意。

天道第十三

轮扁问："圣人还活着吗？"齐桓公答："已经死了。"轮扁说："那么您所读的书，不过是古人的糟粕啊！"齐桓公怒道："寡人读书，做车轮的人怎么敢妄加评论呢！说得出理由还可原谅，没有理由就处死你。"轮扁说："我用我做车轮的事来说。砍削车轮，动作慢了就会松缓不坚固，动作快了就会紧涩嵌不进。要不慢不快，手上用力恰到好处而心里也有感觉，虽然说不出来，但其中却有技巧存在。我没办法传授给我儿子，我儿子也没办法从我这里继承，所以我七十岁了还在砍削车轮。古人跟他们不可传授的心得如今都不在了，那么您所读的，正是古人的糟粕啊！"

[脑力体操]

你知道邑、屋、州、闾、乡、曲是什么意思吗？

脑力体操答案：邑、屋、州、闾、乡、曲是古代不同行政区划的名称。六尺为步，步百为亩，亩百为夫，夫三为屋，屋三为井，井四为邑；五家为比，五比为闾，五闾为族，五族为党，五党为州，五州为乡。曲则指乡之一隅。

天运第十四

虎狼之仁

商大宰荡问仁于庄子。庄子曰："虎狼，仁也。"曰："何谓也？"庄子曰："父子相亲，何为不仁？"曰："请问至仁。"庄子曰："至仁无亲。"大宰曰："荡闻之，无亲则不爱，不爱则不孝。谓至仁不孝，可乎？"

庄子曰："不然。夫至仁尚矣，孝固不足以言之。此非过孝之言也，不及孝之言也。夫南行者至于郢，北面而不见冥山，是何也？则去之远也。故曰：以敬孝易，以爱孝难；以爱孝易，以忘亲难；忘亲易，使亲忘我难；使亲忘我易，兼忘天下难；兼忘天下易，使天下兼忘我难。夫德遗尧舜而不为也，利泽施于万世，天下莫知也，岂直太息而言仁孝乎哉！夫孝悌仁义，忠信贞廉，此皆自勉以役其德者也，不足多也。故曰，至贵，国爵并焉；至富，国财

[解疑释惑]
太息：叹息。
勉：勉励，努力。
役：拖累，束缚。
国爵：国家的爵位。

天运第十四

并焉；至显，名誉并焉。是以道不渝。”

[译文]

宋国的太宰荡向庄子请教什么是仁。庄子说：“虎狼就是仁。”太宰荡问：“怎么讲呢？”庄子说：“虎狼父子相亲，怎么不是仁呢？”太宰荡又问：“请问什么是最高境界的仁？”庄子回答：“最高境界的仁就是没有亲。”太宰荡问：“我听说，没有亲就不会有爱，没有爱就不会有孝，说最高境界的仁就是不孝，可以吗？”

庄子说：“不是这样的。最高境界的仁值得推崇，孝本来就不足以说明它。这不是责备孝的言论，而是与孝的言论无关。向南方走的人到了楚国都城郢，就看不见北面的冥山了，这是为什么呢？是因为距离太远了。所以说，用恭敬来行孝容易，用爱来行孝就难；用爱来行孝容易，忘记双亲就难；忘记双亲容易，使双亲忘记我就难；使双亲忘记我容易，我同时忘记天下就难；我同时忘记天下容易，使天下人同时忘记我就难。遗忘尧舜的德行而顺其自然，恩泽施加于万世而天下人不知，又怎么会来赞叹仁与孝呢？孝、悌、仁、义、忠、信、贞、廉，这些都是用来勉励自己而束缚本性的，不值得称道。所以说，最高贵的人，抛弃国家的爵位；最富有的人，抛弃国家的财富，最显赫的人，抛弃名声和荣誉。因此道永恒不变。”

[脑力体操]

你知道大宰是什么意思吗？

脑力体操答案：大宰即太宰，官名，殷代始置，春秋时沿用，是卿大夫总管家务的家臣。

刻意第十五

干越之剑

夫有干越之剑者，柙而藏之，不敢轻用也，宝之至也。精神四达并流，无所不极，上际于天，下蟠于地，化育万物，不可为象，其名为同帝。纯素之道，唯神是守；守而勿失，与神为一；一之精通，合于天伦。野语有之曰："众人重利，廉士重名，贤人尚志，圣人贵精。"故素也者，谓其无所与杂也；纯也者，谓其不亏其神也。能体纯素，谓之真人。

[解疑释惑]

干越：即吴越，是古代盛产宝剑的地方。

柙：匣子。

蟠(pán)：遍及。

尚志：看重气节。

体：体现，实践。

[译文]

现有吴越出产的宝剑，用匣子收藏起来，不敢轻易使用，因为是最珍贵的。精神四通八达，无所不至，上接苍天，下及大地，化育万物，不见踪迹，它的名字叫作同于天帝。纯粹朴素的道，只有精神可以守住它，守住而不丧失，与精神融为一体，一体就能与真实相通，也就合于自然。俗语说："百姓看重利益，廉洁的人看重名声，贤人看重气节，圣人看重精神。"所以，朴素就是没有杂质，纯粹就是精神没有亏缺。能够实践纯粹朴素的道，就叫作真人。

[脑力体操]

你知道越国的历史吗？

脑力体操答案：越国始祖是夏代少康的庶子无余，建都会稽（今浙江绍兴市）。春秋末年，越王勾践卧薪尝胆，于前473年攻灭吴国，领土大幅扩张。约在前306年为楚所灭。

缮性第十六

不为轩冕肆志

古之所谓得志者，非轩冕之谓也，谓其无以益其乐而已矣。今之所谓得志者，轩冕之谓也。轩冕在身，非性命也，物之傥来，寄者也。寄之，其来不可圉，其去不可止。故不为轩冕肆志，不为穷约趋俗，其乐彼与此同，故无忧而已矣。今寄去则不乐，由是观之，虽乐，未尝不荒也。故曰，丧己于物，失性于俗者，谓之倒置之民。

[解疑释惑]

轩冕：代指高官厚禄。
傥：同“倘”，偶然。
圉(yǔ)：阻挡，抵御。
肆志：得意，随心所欲。
荒：迷失本性。

[经典名句]

不为轩冕肆志，不为穷约趋俗。

[译文]

古人所说的得志，不是指高官厚禄，而是说快乐已无法增加。现在人们所说的得志，就是指高官厚禄。拥有高官厚禄，并非生命的本性，只是外物偶然来寄托。寄托的东西，到来时无法阻挡，离去时也无法制止。所以不因为高官厚禄而随心所欲，不因为穷困潦倒而趋炎附势，两者的快乐是一样的，因而没有忧愁罢了。如今寄托的东西失去了便觉得不快乐，由此看来，即使快乐也未尝不是迷失了本性。所以说，在外物中丧失自己，在世俗中失去本性，就叫作本末倒置的人。

[脑力体操]

你知道轩冕是指什么吗？

脑力体操答案：轩冕是指卿大夫的车服。轩指轩车，是有帷盖的载人小车，大夫以上可以乘轩；冕是卿大夫的礼服。

秋水第十七

望洋兴叹

秋水时至，百川灌河；泾流之大，两涘渚崖之间不辨牛马。于是焉河伯欣然自喜，以天下之美为尽在己。顺流而东行，至于北海，东面而视，不见水端。于是焉河伯始旋其面目，望洋向若而叹曰："野语有之曰：'闻道百，以为莫己若者。'我之谓也。且夫我尝闻少仲尼之闻而轻伯夷之义者，始吾弗信；今我睹子之难穷也，吾非至于子之门，则殆矣，吾长见笑于大方之家。"

[译文]

秋天的雨水随季节而来，千百条溪流同时注入黄河，河面宽阔波涛汹涌，两岸和水中沙洲之间连牛马都不能分辨。于是河神欣然自喜，以为天下所有美好的东西都聚集在自己这里。河神顺着水流向东而去，来到北海边，朝东望去，看不见海的尽头。这时河神一改先前得意的神情，望着大海对海神感叹道："俗话说：'听了上百条道理，就以为没人能比得上自己。'说的就是我了。而且我还曾听说过孔子的见识太少、伯夷的义行不算什么的话语，开始我不敢

[解疑释惑]

涘(sì)：岸。

渚(zhǔ)：水中的小块陆地。

旋：掉转，改变。

[经典名句]

秋水时至，百川灌河；泾流之大，两涘渚崖之间不辨牛马。

见笑于大方之家。

[成语辞典]

望洋兴叹：比喻力量不足或缺少条件，面对某事而感到无可奈何。

大方之家：泛指见识广博或学有专长的人。

秋水第十七

相信；如今我看到了你的无边无际的广阔，我要不是来到你这里，可就危险了，我一定会永远受到有道之士的耻笑了。”

[脑力体操]

你知道若是什么吗？

脑力体操答案：若即海若，是传说中的海神名字。

秋水第十七

埳井之鼃

子独不闻夫埳井之鼃乎？谓东海之鳖曰："吾乐与！出跳梁乎井干之上，入休乎缺甃之崖；赴水则接腋持颐，蹶泥则没足灭跗；还视虷、蟹与科斗，莫吾能若也。且夫擅一壑之水，而跨跱埳井之乐，此亦至矣。夫子奚不时来入观乎！"东海之鳖左足未入，而右膝已絷矣，于是逡巡而却，告之海曰："夫千里之远，不足以举其大；千仞之高，不足以极其深。禹之时十年九潦，而水弗为加益；汤之时八年七旱，而崖不为加损。夫不为顷久推移，不以多少进退者，此亦东海之大乐也。"于是埳井之鼃闻之，适适然惊，规规然自失也。

[解疑释惑]
埳(kǎn)井：浅井。
鼃：同"蛙"。
甃(zhòu)：井中的砖。
跗(fū)：脚背。
虷(hán)：井中的赤虫。
絷(zhí)：拘，绊住。
逡(qūn)巡：形容退却的样子。
顷：少时。
久：多时。
适适然：惊慌的样子。
规规然：茫然的样子。

[经典名句]
千里之远，不足以举其大；千仞之高，不足以极其深。
不为顷久推移，不以多少进退者，此亦东海之大乐也。

[成语辞典]
井底之蛙：比喻见识浅陋的人。

[译文]
你难道没听说过浅井里的青蛙吗？它对从东海

秋水第十七

来的鳖说："我快乐啊！我出来可以在井口栏杆上跳跃，回去可以在井壁破砖处休息。跳入水里，井水就接住我的双臂，托住我的下巴；踏入泥里，泥水就淹没我的双脚，盖过我的脚背。回头来看井中的那些赤虫、小蟹和蝌蚪，谁也没有我这样快乐！再说我独占一坑之水、盘踞一口浅井的快乐，这也是极其如意了。你怎么不进到井里来看看呢？"东海鳖的左脚还没有跨进井里，右脚膝盖已经被绊住了。于是摇晃着后退几步，把大海的情况告诉青蛙，说："一千里的距离，不足以形容它的大；八千尺的高度，不足以形容它的深。禹那个时代十年里有九年发洪水，海面没有因此上升；汤那个时代八年里有七年大旱，海面没有因此下降。不因为时间的推移而改变，不因为雨量的多少而增减，这就是东海最大的快乐。"浅井里的青蛙听了这一席话，惊惶不安，茫然不知所措。

[脑力体操]

你知道青蛙是一种什么动物吗？

脑力体操答案：青蛙是一种两栖动物，从水里的小蝌蚪变化而来，是一个捕虫能手。

秋水第十七

庄子钓于濮水

庄子钓于濮水，楚王使大夫二人往先焉，曰："愿以境内累矣！"

庄子持竿不顾，曰："吾闻楚有神龟，死已三千岁矣，王以巾笥而藏之庙堂之上。此龟者，宁其死为留骨而贵乎？宁其生而曳尾于涂中乎？"二大夫曰："宁生而曳尾涂中。"庄子曰："往矣！吾将曳尾于涂中。"

[解疑释惑]

累：拖累，麻烦。这里是请庄子做官的委婉说法。

笥(sì)：箱。

曳：拖。

涂：泥。

[译文]

庄子在濮水边钓鱼，楚王派两位大臣前去致意，说："楚王希望能将国家大事托付给你。"

庄子手持钓竿，头也不回地说："我听说楚国有一只神龟，已经死去三千年了，楚王把它装在竹箱里，盖上手巾，供奉在宗庙里。这只神龟，是宁愿死去后留下骨头被供奉起来呢，还是宁愿活着，拖着尾巴在泥水里爬呢？"两位大臣说："宁愿活着，拖着尾巴在泥水里爬。"庄子说："你们走吧！我就想拖着尾巴在泥水里爬呢。"

[脑力体操]

你知道濮水吗？

脑力体操答案：濮水是古水名，又名濮渠水，春秋时流经卫地，明、清时余流残存于河南长垣县、东明县一带，俗称普河。

秋水第十七

惠子相梁

惠子相梁，庄子往见之。或谓惠子曰：“庄子来，欲代子相。”于是惠子恐，搜于国中三日三夜。

庄子往见之，曰：“南方有鸟，其名为鹓鶵，子知之乎？夫鹓鶵，发于南海而飞于北海；非梧桐不止，非练实不食，非醴泉不饮。于是鸱得腐鼠，鹓鶵过之，仰而视之曰：‘吓！’今子欲以子之梁国而吓我邪？”

[解疑释惑]

相：做宰相。

或：有人。

鹓(yuān)鶵(chú)：属于凤凰一类的鸟。

练实：竹子的果实。

醴泉：甘美的泉水。

鸱：猫头鹰。

[译文]

惠子在梁国做宰相，庄子前去看望他。有人对惠子说：“庄子来梁国，是想取代你做宰相。”于是惠子惊慌起来，整整三天三夜在国内搜捕庄子。

庄子前去见惠子，说：“南方有一种鸟，名叫鹓鶵，你知道吗？鹓鶵从南海出发飞往北海，一路上不见梧桐树它不会停下休息，不见竹子的果实它不会进食，不见甘美的泉水它不会饮用。这时一只猫头鹰抓到一只腐烂的老鼠，鹓鶵刚好飞过，猫头鹰抬头看到鹓鶵，便大声叫道：‘吓！’现在你也想用你的梁国来吓唬我吗？”

[脑力体操]

你知道春秋时梁这个国家吗？

脑力体操答案：梁即魏国。公元前361年，魏惠王迁都大梁（今河南开封），从此，魏也称为梁。

秋水第十七

子非鱼，安知鱼之乐

庄子与惠子游于濠梁之上。庄子曰："鯈鱼出游从容，是鱼之乐也。"惠子曰："子非鱼，安知鱼之乐？"庄子曰："子非我，安知我不知鱼之乐？"惠子曰："我非子，固不知子矣；子固非鱼也，子之不知鱼之乐，全矣。"庄子曰："请循其本。子曰'汝安知鱼乐'云者，既已知吾知之而问我。我知之濠上也。"

[解疑释惑]

梁：桥。
循：追溯。
本：开始，指开头的话题。

[经典名句]

子非鱼，安知鱼之乐？
子非我，安知我不知鱼之乐？

[译文]

庄子和惠子一起在濠水的桥上游玩。庄子说："白鱼在水里游得悠闲自在，这就是鱼的快乐啊。"惠子说："你不是鱼，怎么知道鱼的快乐？"庄子说："你不是我，怎么知道我不知道鱼的快乐呢？"惠子说："我不是你，当然不知道你了；你也不是鱼，你不知道鱼的快乐，也是可以肯定的。"庄子说："还是回到我们开头所说的。你说'你怎么知道鱼的快乐'的话时，其实已经知道了我知道鱼的快乐才来问我，我是在濠水的桥上知道的。"

[脑力体操]

你知道濠水吗？

脑力体操答案：濠水在今安徽凤阳县东北二十里，一名东濠水，向北流入淮河。

至乐第十八

鼓盆而歌

庄子妻死，惠子吊之，庄子则方箕踞鼓盆而歌。惠子曰："与人居，长子、老、身死，不哭，亦足矣，又鼓盆而歌，不亦甚乎！"

庄子曰："不然。是其始死也，我独何能无概然！察其始而本无生，非徒无生也而本无形，非徒无形也而本无气。杂乎芒芴之间，变而有气，气变而有形，形变而有生，今又变而之死，是相与为春秋冬夏四时行也。人且偃然寝于巨室，而我噭噭然随而哭之，自以为不通乎命，故止也。"

[解疑释惑]

箕(jī)踞：两腿前伸地坐。

居：生活。

长子：生儿育女。

芒芴：恍惚。

偃：通"宴"。

[成语辞典]

鼓盆之戚：指丧妻之痛。

[译文]

庄子的妻子死了，惠子前去吊唁，见庄子正两腿前伸地坐在地上，一边敲盆，一边唱歌。惠子说："你与妻子生活了一辈子，她为你生儿育女，现在年老而死，你不哭也就算了，竟然还敲盆唱歌，不是太过分了吗？"

庄子答道："不是这样的。她刚刚去世时，我怎

至乐第十八

么会不难过伤心呢！但沉思后发觉她起初本来是没有生命的，不但没有生命，而且没有形体，不但没有形体，而且没有气。夹杂在恍恍惚惚之中，变化而有了气，气变化出现了形体，形体变化而有了生命，如今又变化回到了死亡，这就像春夏秋冬四季运行一样。死去的那个人已经安静地睡在天地之间，而我却围着她呜呜地哭泣，我认为这样是不懂得生命的道理，所以才不哭了。”

[脑力体操]

你知道一年有几个季节、几个节气吗？

脑力体操答案：一年有春、夏、秋、冬四个季节，一年有二十四个节气，分别为：立春、雨水、惊蛰、春分、清明、谷雨、立夏、小满、芒种、夏至、小暑、大暑、立秋、处暑、白露、秋分、寒露、霜降、立冬、小雪、大雪、冬至、小寒、大寒。

达生第十九

痀偻承蜩

仲尼适楚，出于林中，见痀偻者承蜩，犹掇之也。

仲尼曰："子巧乎！有道邪？"曰："我有道也。五六月累丸二而不坠，则失者锱铢；累三而不坠，则失者十一；累五而不坠，犹掇之也。吾处身也，若橛株枸；吾执臂也，若槁木之枝；虽天地之大，万物之多，而唯蜩翼之知。吾不反不侧，不以万物易蜩之翼，何为而不得！"

孔子顾谓弟子曰："用志不分，乃凝于神，其痀偻丈人之谓乎！"

[解疑释惑]
痀(gōu)偻(lóu)：驼背。
掇(duō)：拾取，捡。
累：叠。
锱(zī)铢(zhū)：古代度量单位，六铢为一锱，四锱为一两。比喻极少。
橛株：枯树干。
枸：指木根部分。
易：换，转移。

[译文]

孔子到楚国去，走出树林，看见一个驼背老人在用竿子粘蝉，好像在地上捡东西一样。

孔子说："你的技巧真高啊！有诀窍吗？"驼背老人答道："有诀窍的。练习五六个月，在竿头上放两个丸子而不掉落，这样就很少失手了；放三个丸子而不掉落，失手只有十分之一了；放五个丸子而不掉落，

达生第十九

就会像在地上捡东西一样容易。我站稳身体，犹如直立的枯树干；我举竿的手臂，就像枯树上的枯枝；虽然天地很大，万物众多，但我只关注蝉的翅膀。我不会思前想后，也不会因万物而改变对蝉翼的注意力，这样怎么会粘不到呢！”

孔子转身对弟子们说：“用心专一不分散，精神高度集中，说的就是这位驼背的老人啊！”

[脑力体操]

你知道楚国吗？

脑力体操答案：楚国于西周时立国，建都丹阳（今湖北秭归东南）。楚文王时建都于郢（今湖北荆州纪南城）。楚庄王时曾为春秋五霸之一，疆域辽阔。前223年为秦所灭。

达生第十九

外重者内拙

颜渊问仲尼曰："吾尝济乎觞深之渊，津人操舟若神。吾问焉，曰：'操舟可学邪？'曰：'可。善游者数能。若乃夫没人，则未尝见舟而便操之也。'吾问焉而不吾告，敢问何谓也？"

仲尼曰："善游者数能，忘水也。若乃夫没人之未尝见舟而便操之也，彼视渊若陵，视舟之覆犹其车却也。覆却万方陈乎前而不得入其舍，恶往而不暇！以瓦注者巧，以钩注者惮，以黄金注者殙。其巧一也，而有所矜，则重外也。凡外重者内拙。"

[解疑释惑]

济：渡河。
觞深：深渊的名字。
操：驾。
数（shuò）：迅速，很快。
没人：会潜水的人。
却：倒退。
万方：万种，各种。
舍：住宅，这里指内心。
殙（hūn）：心乱意迷。
矜：拘谨，顾忌。

[译文]

颜渊问孔子："我曾经在觞深这个地方渡河，摆渡人驾船的技术实在高明。我问他：'驾船可以学习吗？'摆渡人说：'可以。会游泳的人很快就能学会。如果会潜水，那他即使没见过船也立刻就会驾船。'我问其中缘由，他却不告诉我。请问他的话说的是什么意思呢？"

达生第十九

孔子回答说："会游泳的人很快就能学会，是因为忘记了水的存在。会潜水的人即使没见过船也立刻就会驾船，是因为他把深渊看成小丘，把翻船看成倒车。翻船、倒车的各种景象出现在眼前却不放在心上，无论到哪里都会从容自在！用瓦片做赌注的人技巧高超，用金属带钩做赌注的人心存疑惧，用黄金做赌注的人心乱意迷。赌博的技巧是一样的，但有所顾忌，那就是以外物为重了。大凡看重外物的人，内心就会笨拙。"

[脑力体操]

你知道鲁国吗？

脑力体操答案：鲁国是前11世纪周分封的诸侯国，开国君主是周公旦之子伯禽，建都曲阜（今山东曲阜市）。前256年为楚所灭。

达生第十九

望之似木鸡

纪渻子为王养斗鸡。十日而问："鸡可斗已乎？"曰："未也，方虚憍而恃气。"十日又问，曰："未也，犹应向景。"十日又问，曰："未也，犹疾视而盛气。"十日又问，曰："几矣。鸡虽有鸣者，已无变矣，望之似木鸡矣，其德全矣，异鸡无敢应，见者反走矣。"

[解疑释惑]

养：驯养。
虚憍：色厉内荏的样子。
憍：通"骄"。
景：通"影"。
疾视：怒视，目光犀利。
几：差不多。
反：掉头，转身。

[成语辞典]

呆若木鸡：现形容呆笨或因恐惧、惊讶而发愣的样子。

[译文]

纪渻子为齐王驯养斗鸡。过了十天，齐王问："鸡可以斗了吗？"纪渻子回答："不行，它现在骄矜虚浮自恃意气呢。"十天后齐王又问，纪渻子答道："不行，它还是听见声音就叫，看见影子就跳。"十天后齐王再问，纪渻子回答说："不行，它还是目光犀利，气势强盛。"又过了十天，齐王又问，纪渻子回答说："差不多了。别的鸡即使打鸣，它也没什么反应，看上去像木鸡一样了，它的天赋完备了，别的鸡不敢应战，见到它掉头就会逃走的。"

[脑力体操]

你知道燕国吗？

脑力体操答案：燕国是前11世纪周分封的诸侯国，开国君主为召公奭，建都蓟（今北京城西南），是战国七雄之一。前222年为秦所灭。

山木第二十

螳螂捕蝉

庄周游于雕陵之樊，睹一异鹊自南方来者，翼广七尺，目大运寸，感周之颡而集于栗林。庄周曰：“此何鸟哉，翼殷不逝，目大不睹？”蹇裳躩步，执弹而留之。睹一蝉，方得美荫而忘其身，螳螂执翳而搏之，见得而忘其形；异鹊从而利之，见利而忘其真。庄周怵然曰：“噫！物固相累，二类相召也！”捐弹而反走，虞人逐而谇之。

庄周反入，三日不庭，蔺且从而问之：“夫子何为顷间甚不庭乎？”庄周曰：“吾守形而忘身，观于浊水而迷于清渊。且吾闻诸夫子曰：‘入其俗，从其令。’今吾游于雕陵而忘吾身，异鹊感吾颡，游于栗林而忘真，栗林虞人以吾为戮，吾所以不庭也。”

[解疑释惑]

雕陵：丘陵的名字。
樊：即藩，篱笆。
感：触，擦过。
颡(sǎng)：额头。
逝：飞去。
蹇(qiān)裳：提起衣裳。
翳(yì)：隐蔽。
相累：相互牵累。
二类相召：指蝉召螳螂，螳螂召鹊，万物自相召害。
谇(suì)：骂。
不庭：不高兴。
戮：通“辱”。

[成语辞典]

螳螂捕蝉，黄雀在后：比喻目光短浅，一心图谋侵害别人，却不知有人也在算计他。或贪图眼前小利而不知遗下后患。

山木第二十

[译文]

庄子在雕陵的栗树林里游玩，看见一只怪鹊从南方飞来，翅膀张开有七尺，眼睛有一寸大，擦过庄子的额头，停在了树林里。庄子说：“这是什么鸟啊，翅膀大却不能远飞，眼睛大视力却不好？”于是提起衣裳快步走过去，拿着弹弓守候着。这时看见一只蝉，刚刚找到浓密的树荫而忘记了自身的安危；一只螳螂用树叶作掩护，准备捕捉蝉，螳螂眼看得手而忘记了自身的安危；那只怪鹊紧随其后准备下手，即将捕到螳螂也忘记了自身的安危。庄子心生警惕说：“啊，万物原本就是这样相互牵累，因利害而互相招惹啊！”庄子于是扔下弹弓，转身离去，看园人在后面追着责骂他。

庄子回到家里，连着三天心情不好。弟子蔺且在一旁问道：“为什么这几天老师一直很不高兴呢？”庄子说：“我留意外物的形体却忘记了自身的处境，看多了浊水却对清水感到迷惑。而且我听老师说过：‘到一个地方，就要遵从那里的习俗与禁忌。’如今我到雕陵游玩却忘记了自身的安危，让怪鹊擦过了我的额头，在栗林里游玩却忘了自己是谁，让看园人误以为我是小偷，我就是这样才不高兴的啊。”

[脑力体操]

你知道螳螂吗？

脑力体操答案：螳螂是一种中至大型昆虫，世界各地都有分布，是许多害虫的重要天敌，因而是益虫。

山木第二十

恶贵美贱

阳子之宋，宿于逆旅。逆旅人有妾二人，其一人美，其一人恶，恶者贵而美者贱。阳子问其故，逆旅小子对曰：“其美者自美，吾不知其美也；其恶者自恶，吾不知其恶也。”阳子曰：“弟子记之！行贤而去自贤之心，安往而不爱哉！”

[解疑释惑]

逆旅：旅店。
恶：丑陋。
贵：受宠。
贱：受冷落。
爱：被爱戴，受欢迎。

[经典名句]

其美者自美，吾不知其美也；其恶者自恶，吾不知其恶也。

[译文]

阳子到宋国去，住在旅店里。旅店主人有两个妾，其中一个漂亮，一个丑陋，长得丑陋的受到主人宠爱，长得漂亮的却受到主人冷落。阳子问其中的缘故，店主回答：“长得漂亮的自以为漂亮，我却不觉得她漂亮；长得丑陋的自以为丑陋，我却不觉得她丑陋。”阳子说：“弟子们记住了！品行贤良而能去除自我炫耀的心念，到哪里会不受欢迎呢？”

[脑力体操]

你知道春秋时的宋国吗？

脑力体操答案：宋国是商纣的庶兄微子启的封地，建都商丘（今河南商丘南）。春秋时宋襄公称霸未成，国势渐趋衰弱。前286年为齐所灭。

田子方第二十一

宋元君将画图

宋元君将画图，众史皆至，受揖而立；舐笔和墨，在外者半。有一史后至者，儃儃然不趋，受揖不立，因之舍。公使人视之，则解衣般礴赢。君曰：“可矣，是真画者也。”

［解疑释惑］

史：画师。

儃（tǎn）儃然：放纵的样子。

趋：快走。

舍：画室。

般（pán）礴（bó）：盘腿而坐。

赢（luǒ）：通“裸”。

［译文］

宋元君打算画几幅画，所有的画师都来了，行礼之后站在一边，舔笔调墨做着准备，站在门外的还有一半人。有一位画师最后来到，神态悠闲自然，行礼后也不站在一旁，直接到画室去了。宋元君派人去看，见到这个画师已经解开衣襟、裸露上身、盘腿而坐。宋元君说：“行了，这才是真正的画师。”

［脑力体操］

你知道秦国的历史吗？

脑力体操答案：秦国开国君主为秦襄公，因护送周平王东迁有功，被分封为诸侯。秦穆公时为春秋五霸之一。秦孝公任用商鞅变法，成为战国七雄之一。前221年，秦王政（即秦始皇）统一中国，建立秦朝。

田子方第二十一

列御寇为伯昏无人射

列御寇为伯昏无人射，引之盈贯，措杯水其肘上，发之，適矢复沓，方矢复寓。当是时，犹象人也。伯昏无人曰："是射之射，非不射之射也。尝与汝登高山，履危石，临百仞之渊，若能射乎？"

于是无人遂登高山，履危石，临百仞之渊，背逡巡，足二分垂在外，揖御寇而进之。御寇伏地，汗流至踵。伯昏无人曰："夫至人者，上窥青天，下潜黄泉，挥斥八极，神气不变。今汝怵然有恂目之志，尔于中也殆矣夫！"

[解疑释惑]

引：拉弓。

適：去，射出。

沓（tà）：重，又。

寓：搭在了弦上。

象：木偶人。

恂（xún）目：目眩，头晕眼花。

[译文]

列御寇为伯昏无人表演射箭，他拉满弓弦，在手臂肘关节放一杯水，射出了第一支箭，紧跟着又射出了第二支箭，转眼第三支箭又搭在了弦上。此时，列御寇的神情像个一动也不动的木偶人。伯昏无人看后说："这是有心射箭的射法，还不是无心射箭的射法。我想与你登上高山，脚踏危石，面临百丈深渊，那

田子方第二十一

时你还能这样射箭吗？”

于是，伯昏无人登上高山，脚踏危石，面临百丈深渊，背转身向悬崖退去，直到部分脚掌悬空，才拱手请列御寇上来射箭。列御寇趴在地上，吓得汗水直流到脚跟。伯昏无人说：“修行极高的至人，上能窥视青天，下能潜入黄泉，纵横往来八方，神色始终不变。如今看你胆战心惊、头晕眼花的样子，你想射中几乎不可能了！”

[脑力体操]

你知道列御寇是谁吗？

脑力体操答案：列御寇即列子，郑人，战国时的道家。流传有《列子》八篇，为道教的经典之一。

知北游第二十二

人生若白驹过郤

人生天地之间，若白驹之过郤，忽然而已。注然勃然，莫不出焉；油然漻然，莫不入焉。已化而生，又化而死，生物哀之，人类悲之。解其天弢，堕其天袠，纷乎宛乎，魂魄将往，乃身从之，乃大归乎！不形之形，形之不形，是人之所同知也，非将至之所务也，此众人之所同论也。彼至则不论，论则不至。明见无值，辩不若默。道不可闻，闻不若塞，此之谓大得。

[译文]

人生活在天地之间，就像骏马奔驰掠过墙间的小孔，一瞬间而已。蓬蓬勃勃，一切都诞生了；变化消逝，一切都死去了。已变化而诞生，又变化而死去，生物为之哀叹，人类为之悲伤。解脱自然的捆束，毁坏自然的拘缚，纷纷绕绕地，魂魄将要消逝，形体也会随之而去，这就是回归终极啊！从无形到有形，再从有形回归无形，这是人们都知道的，不是探究大道的人所要追求的，只是人们所共同谈论的话题。得道的人不会议论，议论的人没有得道。一眼看见的往往一无所

[解疑释惑]

郤：通“隙”，缝隙。
注然勃然：蓬蓬勃勃。
油然漻然：变化消逝。
弢（tāo）：弓袋。
袠（zhì）：剑袋。
纷乎宛乎：生命消亡时的状态。
大归：大的回归，即死。
值：通“直”，见的意思。

[经典名句]

人生天地之间，若白驹之过郤，忽然而已。

[成语辞典]

白驹过郤：比喻时间过得很快，光阴易逝。

知北游第二十二

见，辩论不如沉默。道是听不见的，听见还不如充耳不闻，这就称作是真正有所得。

[脑力体操]

你知道齐国的历史吗？

脑力体操答案：齐国是前11世纪周分封的诸侯国，开国君主是吕尚，建都营丘（今山东淄博东北）。春秋初期齐桓公任用管仲为政，成为霸主。前221年为秦所灭。

知北游第二十二

每下愈况

东郭子问于庄子曰："所谓道，恶乎在？"庄子曰："无所不在。"东郭子曰："期而后可。"庄子曰："在蝼蚁。"曰："何其下邪？"曰："在稊稗。"曰："何其愈下邪？"曰："在瓦甓。"曰："何其愈甚邪？"曰："在屎溺。"东郭子不应。

庄子曰："夫子之问也，固不及质。正获之问于监市履狶也，每下愈况。汝唯莫必，无乎逃物。至道若是，大言亦然。周遍咸三者，异名同实，其指一也。尝相与游乎无何有之宫，同合而论，无所终穷乎！尝相与无为乎！澹而静乎！漠而清乎！调而闲乎！寥已吾志，无往焉而不知其所至，去而来而不知其所止，吾已往来焉而不知其所终；彷徨乎冯闳，大知入焉而不知其所穷。物物者与物无际，而物有际者，

[解疑释惑]

期：必定。
下：卑微，低贱。
稊（tí）稗（bài）：杂草。
履：踩。
狶（xī）：猪。
况：象。
周、遍、咸：都有全的意思。
冯闳（hóng）：辽阔空旷的样子。
际：界限。
盈：满。
虚：空。

[成语辞典]

每况愈下（每下愈况）：形容情况越来越坏。

知北游第二十二

所谓物际者也；不际之际，际之不际者也。谓盈虚衰杀，彼为盈虚非盈虚，彼为衰杀非衰杀，彼为本末非本末，彼为积散非积散也。”

[译文]

东郭子向庄子请教道：“道究竟存在于什么地方呢？”庄子回答：“无所不在。”东郭子说：“一定要说个地方才行。”庄子答道：“在蝼蚁中。”东郭子问：“怎么会这么卑微呢？”庄子说：“在杂草里。”东郭子说：“怎么更加低下了呢？”庄子说：“在瓦块中。”东郭子说：“怎么越来越低下呢？”庄子说：“在大小便里。”东郭子不吭声了。

庄子说：“先生的提问，本来就没有触及本质。一个名叫获的市场监督官向屠夫询问猪的肥瘦，踩踏猪腿的部位越是往下就越能探知肥瘦情况。你不要只在一个地方寻找，万物都是无法逃离的。至高的道是这样，伟大的言论也是这样。周全、普遍、通通这三个词语，名称各异而实质相同，指的是同一种状况。让我们一起遨游在无何有之地，用同一的观点来讨论，一切都是无穷无尽的啊！让我们一起无所作为吧！恬淡又寂静啊！漠然又清幽啊！和谐又安闲啊！我的心思空虚宁寂，不会前往他处，也不知道要去哪里，出去后回来也不知道停在哪里，我在人世间来来往往，却不知道哪里是最后的归宿；遨游在广阔的境界，运用最大的智慧却不知道尽头何在。造就万物的道跟万物之间没有分别，物与物是有分别的，这就是万物之间的分别；没有分别的道寄托在有分别的万物

知北游第二十二

中，就像有分别的万物寄托在没有分别的道中。拿盈虚衰杀来说，道使万物盈虚而自身没有盈虚，道使万物衰杀而自身没有衰杀，道使万物有始终而自身没有始终，道使万物有聚散而自身没有聚散。”

[脑力体操]

你知道伊尹是谁吗？

脑力体操答案：伊尹是商初大臣，名伊，尹是官名。传说他是家奴出身，后被汤委任以国政，帮助汤攻灭了夏桀，建立了商朝。

杂篇

庚桑楚第二十三

蹍市人之足

蹍市人之足，则辞以放骜，兄则以妪，大亲则已矣。故曰，至礼有不人，至义不物，至知不谋，至仁无亲，至信辟金。

[解疑释惑]

蹍：踩。
市人：路人。
放骜：放纵。
妪：象声词，表示痛心怜惜。
辟：排除。

[译文]

踩了路人的脚，就要道歉赔不是，如果是兄弟的脚，就要怜惜抚慰，如果是父母的脚，也就算了。所以说，最好的礼仪就是不分彼此，最好的道义就是不分物我，最高的智慧就是无须谋略，最大的仁爱就是不分亲疏，最高的诚信就是不须用贵重的东西作为凭证。

[经典名句]

至礼有不人，至义不物，至知不谋，至仁无亲，至信辟金。

[脑力体操]

你知道儒家所说的五常是什么吗？

脑力体操答案：儒家所说的五常是指仁、义、礼、智、信。

庚桑楚第二十三

一雀适羿

一雀适羿，羿必得之，威也；以天下为之笼，则雀无所逃。是故汤以胞人笼伊尹，秦穆公以五羊之皮笼百里奚。是故非以其所好笼之而可得者，无有也。

[解疑释惑]

适：过。

威：威力。

[译文]

一只麻雀飞过羿的面前，羿一定会射中它，这是羿的威力；把整个天下当作鸟笼，那么麻雀就无处可逃了。因此汤用厨师来笼络伊尹，秦穆公用五张羊皮来笼络百里奚。所以说，不利用一个人的所好来笼络他而可以成功的事，是不会发生的。

[脑力体操]

你知道羿的故事吗？

脑力体操答案：羿是夏代东夷族首领，善射。传说尧时十日并出，植物枯死，猛兽为害，他射去九日，为民除害，于是天下太平。

徐无鬼第二十四

运斤成风

庄子送葬，过惠子之墓，顾谓从者曰："郢人垩慢其鼻端，若蝇翼，使匠石斲之。匠石运斤成风，听而斲之，尽垩而鼻不伤，郢人立不失容。宋元君闻之，召匠石曰：'尝试为寡人为之。'匠石曰：'臣则尝能斲之。虽然，臣之质死久矣。'自夫子之死也，吾无以为质矣，吾无与言之矣。"

[解疑释惑]

垩(è)：石灰。
慢：通"漫"，涂。
听：任意。
质：对手。

[成语辞典]

运斤成风：比喻手法熟练，技术神妙。

[译文]

庄子送葬，经过惠子墓地时，他回头对跟随的人说："郢地有个人把石灰抹在自己的鼻尖上，像苍蝇的翅膀那样大小，然后请石匠用斧子替他削去。石匠挥动斧子呼呼作响，顺手砍下，石灰全削去了而鼻子毫无损伤，郢地的这人站在那里面不改色。宋元君听说了这件事，召见石匠说：'请你做给我看看。'石匠说：'我确实能削去鼻尖上的石灰。不过，和我搭档的人已经死去很久了。'自从惠子离开了人世，我没有对手了，也没有可以辩论的人了。"

[脑力体操]

你知道郢是指哪里吗？

脑力体操答案：郢是楚国的都城，春秋时楚文王定都于此，在今湖北荆州市江陵区西北。

徐无鬼第二十四

吴王浮于江

吴王浮于江，登乎狙之山。众狙见之，恂然弃而走，逃于深蓁。有一狙焉，委蛇攫搔，见巧乎王。王射之，敏给搏捷矢。王命相者趋射之，狙执死。

王顾谓其友颜不疑曰："之狙也，伐其巧，恃其便以敖予，以至此殛也！戒之哉！嗟乎，无以汝色骄人哉！"颜不疑归而师董梧以锄其色，去乐辞显，三年而国人称之。

[解疑释惑]

恂然：惊慌的样子。

蓁：荆棘。

委蛇攫搔：跳跃着攀树枝的意思。

搏：接住。

执：即，于是。

[译文]

吴王渡过长江，登上一座猴山。猴群见了，惊惶地四散逃走，躲进了荆棘丛林的深处。有一只猴子，从容地攀着树枝跳来跳去，在吴王面前卖弄灵巧。吴王用箭射它，它敏捷地接住了来箭。吴王下令叫左右随从一起射箭，猴子躲避不及被射死了。

吴王转身对他的朋友颜不疑说："这只猴子自以为灵巧，仗着身手敏捷而轻视我，才落到这个下场！要引以为戒啊！唉，不要用傲气来对待他人啊！"颜不疑回来后拜董梧为老师，驱除自己的傲气，抛

徐无鬼第二十四

弃享乐，远离显赫的生活，三年以后，全国的人都在称赞他。

[脑力体操]

你知道春秋时的吴国吗？

脑力体操答案：春秋时的吴国位于今江浙一带，都城吴（今江苏苏州）。春秋后期，国力始强。前473年为越所灭。

则阳第二十五

触蛮之战

魏莹与田侯牟约，田侯牟背之。魏莹怒，将使人刺之。犀首公孙衍闻而耻之曰："君为万乘之君也，而以匹夫从仇！衍请受甲二十万，为君攻之，虏其人民，系其牛马，使其君内热发于背。然后拔其国。忌也出走，然后抶其背，折其脊。"

季子闻而耻之曰："筑十仞之城，城者既十仞矣，则又坏之，此胥靡之所苦也。今兵不起七年矣，此王之基也。衍乱人，不可听也。"

华子闻而丑之曰："善言伐齐者，乱人也；善言勿伐者，亦乱人也；谓伐之与不伐乱人也者，又乱人也。"君曰："然则若何？"曰："君求其道而已矣！"

惠子闻之而见戴晋人。戴晋人曰："有所谓蜗者，君知之乎？"曰："然。""有国于蜗之左角者，曰触氏，有国于蜗之

[解疑释惑]
犀首：魏国的官名。
胥靡：囚徒。
旬有五：十五天。旬：十天。
辩：通"辨"，区别。
嗃：管发出的声音。
剑首：剑环头的小孔。
吷(xuè)：以口吹物发出的微小声音。

则阳第二十五

右角者，曰蛮氏。时相与争地而战，伏尸数万，逐北旬有五日而后反。”君曰：“噫！其虚言与？”曰：“臣请为君实之。君以意在四方上下有穷乎？”君曰：“无穷。”曰：“知游心于无穷，而反在通达之国，若存若亡乎？”君曰：“然。”曰：“通达之中有魏，于魏中有梁，于梁中有王。王与蛮氏，有辩乎？”君曰：“无辩。”客出而君惝然若有亡也。

客出，惠子见。君曰：“客，大人也，圣人不足以当之。”惠子曰：“夫吹筦也，犹有嗃也；吹剑首者，吷而已矣。尧舜，人之所誉也；道尧舜于戴晋人之前，譬犹一吷也。”

[译文]

魏王与齐王订立盟约，齐王违背了盟约。魏王大怒，打算派人刺杀齐王，将军公孙衍知道后认为可耻，说：“您是大国的国君，却用百姓的手段去报仇！我愿带领二十万士兵，替您攻打齐国，俘获他们的百姓，牵走他们的牛马，让齐王着急得毒火攻心。然后我攻占齐国的土地。迫使齐国大将田忌逃跑，我再鞭打他的背，折断他的脊梁。”

则阳第二十五

季子知道公孙衍的做法后认为可耻，说："修筑十仞高的城墙，已经筑到十仞高了，却又毁掉它，这是让修城的囚徒心痛的事。如今已经七年没有战争了，这是大王的基业。公孙衍是个捣乱的人，不可听他的话。"

华子知道后说："极力主张讨伐齐国的，是捣乱的人；极力劝说不要讨伐的，也是捣乱的人；评论讨伐齐国还是不讨伐齐国为捣乱的人，本身就是捣乱的人。"魏王问："既然如此，那怎么办呢？"华子说："您依道而行就可以了！"

惠子知道了，引荐戴晋人。戴晋人对魏王说："有种叫蜗牛的小动物，您知道吗？"魏王说："知道。"戴晋人说："有个国家在蜗牛的左角，叫触氏；有个国家在蜗牛的右角，叫蛮氏，这两个国家为争夺土地经常打仗，数万人战死了，追赶败军的一方要十五天才能回来。"魏王问："啊，这是虚构的故事吧？"戴晋人说："让我来证实这些话。您认为四方与上下有尽头吗？"魏王说："没有尽头。"戴晋人说："知道自己的心神遨游在无穷尽的境界，再回头看你生活的这片土地，不是像若有若无吗？"魏王说："是的。"戴晋人又说："这片土地上有个魏国，魏国有个大梁，大梁里有您魏王。大王与那蛮氏相比，有区别吗？"魏王回答说："没有。"戴晋人走后，魏王不觉怅然若有所失。

戴晋人离去，惠子见魏王，魏王说："戴晋人，了不起，圣人也无法和他相提并论。"惠子说："吹竹管，响声很大；吹剑首小孔，只能发出微小的声音。尧、舜是人们赞誉的圣人，在戴晋人面前称赞尧、舜，就好像这微小的声音一样啊。"

[脑力体操]

你知道田侯牟是谁吗？

脑力体操答案：田侯，名牟，即齐威王，齐桓公之子。前356—前320年在位。他任用邹忌为相，田忌、孙膑为将和军师，改革政治，国力渐强。

外物第二十六

庄周贷粟

庄周家贫，故往贷粟于监河侯。监河侯曰："诺。我将得邑金，将贷子三百金，可乎？"庄周忿然作色曰："周昨来，有中道而呼者。周顾视车辙中，有鲋鱼焉。周问之曰：'鲋鱼来！子何为者邪？'对曰：'我，东海之波臣也。君岂有斗升之水而活我哉？'周曰：'诺。我且南游吴越之土，激西江之水而迎子，可乎？'鲋鱼忿然作色曰：'吾失我常与，我无所处。吾得斗升之水然活耳，君乃言此，曾不如早索我于枯鱼之肆！'"

[解疑释惑]
邑金：封地内的税金。
中道：半路。
常与：时时在一起的，指水。
肆：市场。

[成语辞典]
枯鱼涸辙：比喻陷于困境。
枯鱼之肆：指事情已至不可挽回的绝境。

[译文]

庄周家境贫寒，因此向监河侯借米。监河侯说："好，等我收到封地的赋税后，借给你三百金，行吗？"庄周听了气得脸色都变了，说："我昨天来的时候，半路上有人叫我。我回头发现车轮碾过的小坑里有条鲫鱼。我问它：'鲫鱼，你干什么呢？'鲫鱼回答：'我是东海水族的一员。你有没有一斗一升的水救我一

外物第二十六

命呢？’我对它说：‘好，等我游历吴越之地，引西江之水来迎候你，行吗？’鲫鱼气得脸色都变了，说：‘我离开我生活的地方，无处安身。我只要一斗一升的水就可以活下来，而你居然这样说话，那还不如早点到干鱼市场来找我吧！’”

[脑力体操]

你知道斗、升是什么吗？

脑力体操答案：斗是容量单位，今人亦称“市斗”；升也是容量单位，齐制的一豆等于四升（旧制），或五升（田齐新制）。

外物第二十六

任公子钓海

任公子为大钩巨缁，五十犗以为饵，蹲乎会稽，投竿东海。旦旦而钓，期年不得鱼。已而大鱼食之，牵巨钩，錎没而下，骛扬而奋鬐，白波若山，海水震荡，声侔鬼神，惮赫千里。任公子得若鱼，离而腊之，自制河以东，苍梧已北，莫不厌若鱼者。已而后世辁才讽说之徒，皆惊而相告也。夫揭竿累，趋灌渎，守鲵鲋，其于得大鱼难矣。饰小说以干县令，其于大达亦远矣，是以未尝闻任氏之风俗，其不可与经于世亦远矣。

[解疑释惑]

缁(zī)：黑色的绳子。
犗(jiè)：阉割过的牛。
錎(xiàn)没：陷没。錎，通"陷"。
骛扬：奔驰，乱跑。
鬐(qí)：通"鳍"，鱼鳍。
侔(móu)：同，如。
惮赫：震惊。
厌：饱食。
辁才：小才，粗才。
讽说：传说，道听途说。
累：细绳。
灌渎：小沟，小溪。
鲵鲋：小鱼。
干县令：求得美名。干：求。县：有高义。令：通名。

[经典名句]

白波若山，海水震荡，声侔鬼神，惮赫千里。

[译文]

任公子做了个大鱼钩，系上粗大的黑绳，用五十头牛做钓饵，蹲在会稽山上，把鱼竿投入东海。他天天钓鱼，整整一年却一条鱼也没钓到。不久有一条大鱼吞下了鱼饵，它牵着巨大的鱼钩，急速沉入海底，又扬起鱼鳍腾空而起，掀起如山般的巨浪，海水剧烈震荡，声如鬼神吼叫，震惊千里之外。任公子钓上这条

外物第二十六

大鱼，将它剖开风干，从浙江以东到苍梧以北，没有人不饱饱地吃上这条鱼的。这以后那些浅薄之人和喜好议论的人，都大为吃惊奔走相告。他们拿着小钓竿细绳子，跑到水沟小渠旁，守候小鱼上钩，至于想钓到大鱼就难了。修饰浅薄的学问以求得美名，对于领悟道来说距离就很远了，因此不了解任公子钓大鱼志向的人，也就无法治理天下，其间的差距同样很远。

[脑力体操]

你知道苍梧是什么地方吗？

脑力体操答案：苍梧是古地区名，约为当今湖南省九嶷山以南至广西贺江、桂江、郁江区域。

寓言第二十七

曾子再仕

曾子再仕而心再化，曰："吾及亲仕，三釜而心乐；后仕，三千钟而不洎亲，吾心悲。"弟子问于仲尼曰："若参者，可谓无所县其罪乎？"曰："既已县矣。夫无所县者，可以有哀乎？彼视三釜三千钟，如观鸟雀蚊虻相过乎前也。"

[解疑释惑]

仕：做官。

及亲：父母亲在世。

洎(jì)：及。

县：通"悬"，系，牵挂。

[译文]

曾子第二次做官时，心情又有了变化，他说："我当年做官可以奉养双亲，虽然只有三釜的俸禄，但心里快乐；后来做官，三千钟的俸禄也赶不上赡养双亲了，所以心里难过。"弟子问孔子道："像曾参这样孝顺的人，可以说心中没有牵挂俸禄吧？"孔子说："曾参心中已经有所牵挂了。如果没有牵挂，会难过吗？他看待三釜、三千钟，就像是看待鸟雀和蚊虻从眼前飞过去一样。"

[脑力体操]

你知道什么是釜吗？

脑力体操答案：釜是古代量器，春秋战国时流行于齐国。四升为豆，四豆为区（瓯），四区为釜，十釜为钟。

让王第二十八

越人弑君

越人三世弑其君，王子搜患之，逃乎丹穴。而越国无君，求王子搜不得，从之丹穴。王子搜不肯出，越人薰之以艾，乘以王舆。王子搜援绥登车，仰天而呼曰：“君乎！君乎！独不可以舍我乎！”王子搜非恶为君也，恶为君之患也。若王子搜者，可谓不以国伤生矣，此固越人之所欲得为君也。

[解疑释惑]

患：担心，害怕。
丹穴：山洞名。
王舆：国君的专车。
恶：厌恶。

[译文]

越人先后杀掉了三代国君，王子搜很害怕，就逃到荒山野洞里去了。越国没有了国君，又找不到王子搜，最后追踪来到山洞。王子搜不肯出洞，越人便点燃艾草用烟熏，并让他坐上国君的座车。王子搜拉着绳子上车，仰天大叫道：“国君啊，国君啊，难道不可以放过我吗？”王子搜并不是讨厌做国君，而是害怕做了国君会招来杀身之祸。像王子搜这样的人，可以说是不肯为国家伤害自己的生命，这也正是越人要让他做国君的原因。

[脑力体操]

你知道会稽山在哪里吗？

脑力体操答案：会稽山在浙江省东北部，绵亘于绍兴、诸暨、东阳、上虞等市县，近南北走向，长达一百千米，为钱塘江支流浦阳江和曹娥江的分水岭。

让王第二十八

列子辞粟

子列子穷，容貌有饥色。客有言之于郑子阳者曰："列御寇，盖有道之士也，居君之国而穷，君无乃为不好士乎？"郑子阳即令官遗之粟。子列子见使者，再拜而辞。

使者去，子列子入，其妻望之而拊心曰："妾闻为有道者之妻子，皆得佚乐，今有饥色。君过而遗先生食，先生不受，岂不命邪！"子列子笑谓之曰："君非自知我也。以人之言而遗我粟，至其罪我也又且以人之言，此吾所以不受也。"其卒，民果作难而杀子阳。

[解疑释惑]

拊心：抚着胸口。拊：抚。佚：通"逸"，安逸。

[译文]

列子生活贫困，面有饥色。有人告诉郑子阳说："列御寇是一位有道的人，住在你的国家却如此贫困，难道是因为你不喜好贤士吗？"子阳立即派官员给列子送米。列子见到使者，再三感谢却不肯接受。

使者走后，列子进到屋里，他的妻子抚着胸口埋怨说："我听说有道之人的妻子儿女，能够过上安乐

让王第二十八

的生活，可是如今我们却面有饥色。相国一听说就派人送来了粮食，可你却不接受，难道命里注定要挨饿吗！”列子笑着对她说：“相国并不是自己了解我。是听了别人的话才给我送粮食的，将来也可能听了别人的话加罪于我，这就是我拒绝接受的原因。”后来，百姓果然发难，杀死了子阳。

[脑力体操]

你知道郑子阳是谁吗？

脑力体操答案：郑子阳是战国时郑国的相国，因为政严猛，刑无所赦，引起国人的不满，因而被杀。

盗跖第二十九

今吾告子以人之情

今吾告子以人之情，目欲视色，耳欲听声，口欲察味，志气欲盈。人上寿百岁，中寿八十，下寿六十，除病瘦死丧忧患，其中开口而笑者，一月之中不过四五日而已矣。天与地无穷，人死者有时，操有时之具而托于无穷之间，忽然无异骐骥之驰过隙也。不能说其志意，养其寿命者，皆非通道者也。

[解疑释惑]

盈：满足。

时：时限。

忽然：匆促，迅速。

[译文]

现在让我来告诉你人的实情，眼睛想看到色彩，耳朵想听到声音，嘴巴想品尝滋味，志气想得到满足。人生在世，高寿为一百岁，中寿为八十岁，低寿为六十岁，除去疾病、死丧、忧患的日子，开口欢笑的时光，一月里面不过四五天罢了。天与地是无穷尽的，人的死亡却是有时限的，把有时限的生命托付给无穷尽的天地之间，匆促匆忙无异就像骏马从缝隙前闪过一样。凡是不能让自己身心愉快而颐养寿命的人，都不是通晓道的人。

[脑力体操]

你知道盗跖是谁吗？

脑力体操答案：盗跖，名跖，春秋战国时人。他曾率“从卒九千人，横行天下”。一般认为，《庄子》载跖与孔子问答属寓言性质，不可信。

说剑第三十

[解疑释惑]
校：通“较”，较量。
敦剑：对剑，比剑。
镡(tán)：剑环。
夹：剑柄。
案：通“按”。
三光：指日、月、星。
薄之：不值得。

庄子说剑

王乃校剑士七日，死伤者六十余人，得五六人，使奉剑于殿下，乃召庄子。王曰：“今日试使士敦剑。”庄子曰：“望之久矣。”王曰：“夫子所御杖，长短何如？”曰：“臣之所奉皆可。然臣有三剑，唯王所用，请先言而后试。”

王曰：“愿闻三剑。”曰：“有天子之剑，有诸侯之剑，有庶人之剑。”王曰：“天子之剑何如？”曰：“天子之剑，以燕谿石城为锋，齐岱为锷，晋卫为脊，周宋为镡，韩魏为夹；包以四夷，裹以四时，绕以渤海，带以恒山；制以五行，论以刑德；开以阴阳，持以春夏，行以秋冬。此剑，直之无前，举之无上，案之无下，运之无旁，上决浮云，下绝地纪。此剑一用，匡诸侯，天下服矣。此天子之剑也。”文王芒然自失，曰：“诸侯之剑何如？”曰：“诸侯之剑，以

说剑第三十

知勇士为锋，以清廉士为锷，以贤良士为脊，以忠圣士为镡，以豪杰士为夹。此剑，直之亦无前，举之亦无上，案之亦无下，运之亦无旁；上法圆天以顺三光，下法方地以顺四时，中和民意以安四乡。此剑一用，如雷霆之震也，四封之内，无不宾服而听从君命者矣。此诸侯之剑也。"王曰："庶人之剑何如？"曰："庶人之剑，蓬头突鬓垂冠，曼胡之缨，短后之衣，瞋目而语难。相击于前，上斩颈领，下决肝肺，此庶人之剑，无异于斗鸡，一旦命已绝矣，无所用于国事。今大王有天子之位而好庶人之剑，臣窃为大王薄之。"

王乃牵而上殿。宰人上食，王三环之。庄子曰："大王安坐定气，剑事已毕奏矣。"于是文王不出宫三月，剑士皆服毙其处也。

[译文]

赵王于是用七天时间让剑士们比武较量，死伤了

说剑第三十

六十多人，从中挑选出五六人，让他们拿着剑等候在殿堂下，这才召见庄子。赵王说：“今天请与剑士比剑。”庄子说：“盼望很久了。”赵王问：“先生所用的剑，长短怎么样？”庄子回答：“我的剑长短都可以。不过我有三把剑，任凭大王选用，请让我先作些说明，然后再比试。”

赵王说：“愿意听听是哪三把剑。”庄子说：“有天子之剑，有诸侯之剑，有百姓之剑。”赵王问：“天子之剑是什么样子呢？”庄子答道：“天子之剑，用燕谿的石城做剑尖，用齐国的泰山做剑刃，用晋国和卫国做剑背，用周朝和宋国做剑环，用韩国和魏国做剑柄；用边疆四夷来包扎，用一年四季来围裹，用渤海来缠绕，用恒山做系带；用五行来控制，用刑律和道德来论断；用阴阳变化来开合，用春夏来扶持，用秋冬来运行。这把剑，直刺时一往无前，上刺时不可阻挡，下辟时所向披靡，挥动起来旁若无人，上可以割裂浮云，下可以斩断地脉。这把剑一旦使用，可以匡正诸侯，使天下顺服。这就是天子之剑。”赵王听了茫然若失，问：“诸侯之剑是什么样子呢？”庄子答道：“诸侯之剑，用智勇之士做剑尖，用清廉之士做剑刃，用贤良之士做剑背，用忠诚之士做剑环，用豪杰之士做剑柄。这把剑，直刺时也一往无前，上刺时也不可阻挡，下劈时也所向披靡，挥动起来也旁若无人；上取法于天而顺应日月星辰，下取法于地而顺应春夏秋冬，中则顺和民意而安定四方。这把剑一旦使用，就好像雷霆震动，四境之内无不归服而听从国君的号令了。这就是诸侯之剑。”赵王又问：“百姓之剑又是什么样子呢？”庄子说：“百姓之剑，头发蓬乱，鬓毛突出，帽子低垂，帽缨粗乱，衣服紧身，怒目圆睁，出口伤人。相互在人前争斗，上斩头颈，下刺肝肺，这就是百姓之剑，与斗鸡

说剑第三十

没有什么不同，一旦丧命，对国家毫无用处。如今大王拥有天子之位，却喜好百姓之剑，我私下替大王感到不值得。”

赵王于是牵着庄子来到殿上。厨师献上食物，赵王绕席走了三圈。庄子说：“大王安坐下来定定心气，剑术的事我已启奏完了。”于是赵王三个月不出宫门，剑士都在住所自刎而死。

[脑力体操]

你知道春秋时的晋国吗？

脑力体操答案：晋国是前11世纪周分封的诸侯国，开国君主是周成王弟叔虞，在今山西西南部。晋文公时成为春秋五霸之一。前4世纪中叶，晋国为韩、赵、魏三家所分。

渔夫第三十一

渔父喻孔

[解疑释惑]
缁(zī)帷：密林。
揄(yú)袂(mèi)：挥动衣袖。
原：低而平的陆地。
陆：高而平的陆地。
服：用。
选：选择，制定。

孔子游乎缁帷之林，休坐乎杏坛之上。弟子读书，孔子弦歌鼓琴，奏曲未半。有渔父者，下船而来，须眉交白，被发揄袂，行原以上，距陆而止，左手据膝，右手持颐以听。曲终而招子贡子路，二人俱对。

客指孔子曰："彼何为者也？"子路对曰："鲁之君子也。"客问其族。子路对曰："族孔氏。"客曰："孔氏者何治也？"子路未应，子贡对曰："孔氏者，性服忠信，身行仁义，饰礼乐，选人伦，上以忠于世主，下以化于齐民，将以利天下。此孔氏之所治也。"又问曰："有土之君与？"子贡曰："非也。""侯王之佐与？"子贡曰："非也。"客乃笑而还，行言曰："仁则仁矣，恐不免其身；苦心劳形以危其真。呜呼，远哉其分于道也！"

渔夫第三十一

[译文]

孔子到缁帷的树林中游玩，坐在长有杏树的土坛上休息。弟子们读书，孔子弹琴吟唱，曲子弹了不到一半。有个渔父下船走过来，胡须和眉毛全都白了，披着头发，挥着衣袖，沿着河岸而上，到陆地时停下脚步，左手抱着膝盖，右手托着下巴，听孔子吟唱。曲子终了，渔父用手招唤子贡、子路，两个人一起走了过来。

渔父指着孔子问："他是干什么的？"子路回答说："他是鲁国的君子。"渔父问孔子的姓氏。子路回答："姓孔。"渔父又问："他有什么专长呢？"子路没吱声，子贡答道："孔氏这个人，生来敬奉忠信，亲身实践仁义，修饰礼乐制度，制定人伦规范，对上忠心于国君，对下教化于百姓，打算以此来造福天下。这就是孔氏的专长。"渔父又问道："他是拥有国土的君主吗？"子贡回答："不是。"渔父接着又问："他是王侯的辅臣吗？"子贡回答："也不是。"渔父于是笑着转身走了，边走边说道："说仁，可以算是仁了，恐怕自身难以避免祸患；费尽心思，累坏身体，伤及本性。唉，他离道也实在是太远了！"

子贡还，报孔子。孔子推琴而起曰："其圣人与！"乃下求之，至于泽畔，方将杖拏而引其船，顾见孔子，还乡而立。孔子反走，再拜而进。

客曰："子将何求？"孔子曰："曩者先生有绪言而去，丘不肖，未知

渔夫第三十一

所谓，窃待于下风，幸闻咳唾之音以卒相丘也！”客曰：“嘻！甚矣子之好学也！”孔子再拜而起曰：“丘少而修学，以至于今，六十九岁矣，无所得闻至教，敢不虚心？”

[译文]

子贡回来，告诉孔子。孔子推开琴站起身来说：“这是圣人啊！”于是走下杏坛去找渔父，来到了河岸边，渔父正划动船桨准备离去，回头看见孔子，便转过身来。孔子后退几步，再次行礼上前。

渔父问：“你有什么事吗？”孔子说：“刚才先生话没说完就走了，我不够聪明，不能明了其中的意思，特地前来求教，希望能有幸听到你的指点，对我也有所帮助！”渔父说：“啊，你实在是好学啊！”孔子又一次行礼后起身说：“我从小就开始学习，直到今天，已经六十九岁了，还没有机会听到圣人的教诲，怎么敢不虚心呢？”

[脑力体操]

你知道杏坛是什么意思吗？

[解疑释惑]

拏(ráo)：船桨。
乡：向。
曩(nǎng)：刚才。
绪言：刚说了个开头没往下说。
窃：偷偷地。
待于下风：站在风的下方，表示谦卑恭谨。
咳唾之音：咳嗽吐口水的声音，这里表示谦卑的意思。
至教：圣人的教诲。

脑力体操答案：杏坛相传为孔子讲学处，后也泛指聚徒讲学的地方。

列御寇第三十二

舐痔得车

宋人有曹商者，为宋王使秦。其往也，得车数乘；王说之，益车百乘。反于宋，见庄子曰：“夫处穷闾阨巷，困窘织屦，槁项黄馘者，商之所短也；一悟万乘之主而从车百乘者，商之所长也。”庄子曰：“秦王有病召医，破痈溃痤者得车一乘，舐痔者得车五乘，所治愈下，得车愈多。子岂治其痔邪，何得车之多也？子行矣！”

[解疑释惑]

说：通“悦”，高兴，欣赏。

屦（jù）：用麻、葛编成的鞋。

黄馘（xù）：面黄肌瘦的样子。

舐（shì）：用舌头舔。

[译文]

宋国有个叫曹商的人，为宋王出使秦国。他出发的时候，宋王给了他几辆马车；秦王十分欣赏他，又赐给他一百辆马车。曹商回到宋国，见了庄子说：“住在穷街陋巷，穷困到织鞋为生，脖颈干瘪，面色饥黄，这是我不如别人的地方；一旦有机会使大国的国君省悟而随从的马车达到百辆之多，这是我超过他人的地方。”庄子说：“秦王生病，召请医生，能破脓溃疮的人可获得一辆马车，舔治痔疮的人可获得五辆马车，治疗的部位越是低下，获得的马车就越多。你难道是去给秦王舔痔疮吗？怎么会得到这么多马车

列御寇第三十二

呢？你走开吧！”

［脑力体操］

你知道战国时的韩国吗？

脑力体操答案：韩国是战国七雄之一，开国君主韩景侯是晋国大夫韩武子后代，与魏、赵瓜分晋国而来，前403年被周威烈王承认为诸侯。前230年为秦所灭。

列御寇第三十二

庄子论葬

庄子将死，弟子欲厚葬之。庄子曰："吾以天地为棺椁，以日月为连璧，星辰为珠玑，万物为赍送。吾葬具岂不备邪？何以加此？"弟子曰："吾恐乌鸢之食夫子也。"庄子曰："在上为乌鸢食，在下为蝼蚁食，夺彼与此，何其偏也！"

[解疑释惑]

连璧：双璧。

赍(jī)：送，指陪送的葬品。

乌：乌鸦。

鸢(yuān)：老鹰。

与：给。

[译文]

庄子快要死了，弟子们打算厚葬他。庄子说："我把天地当作棺椁，把日月当作双璧，把星辰当作珠玑，把万物当作陪葬。我陪葬的东西难道还不齐全吗？还有比这更好的吗？"弟子说："我们担心乌鸦与老鹰会来吃掉老师的身体。"庄子说："在地面上给乌鸦与老鹰吃，在地底下给蚂蚁吃，从乌鸦与老鹰的嘴里夺下再交给蚂蚁，太偏心了吧！"

[脑力体操]

你知道什么是殉葬吗？

脑力体操答案：古时候用活人或器物从葬，称之为殉葬。

天下第三十三

说而不休

南方有倚人焉，曰黄缭，问天地所以不坠不陷，风雨雷霆之故。惠施不辞而应，不虑而对，遍为万物说，说而不休，多而无已，犹以为寡，益之以怪。以反人为实，而欲以胜人为名，是以与众不适也。弱于德，强于物，其涂隩矣。由天地之道观惠施之能，其犹一蚊一虻之劳者也。其于物也何庸！夫充一尚可，曰愈贵道，几矣！惠施不能以此自宁，散于万物而不厌，卒以善辩为名。惜乎！惠施之才，骀荡而不得，逐万物而不反，是穷响以声，形与影竞走也，悲夫！

［解疑释惑］
倚人：奇人，异人。
辞：不推辞。
怪：怪论。
反人：违反人的常理。
实：实情。
隩：曲折，艰深。
劳：徒劳。
充一：发挥一技之长。
贵：重视。
散：分散心思。
骀荡：放荡散乱。
穷：止住。

［译文］

南方有个奇人，名叫黄缭，他问天为什么不坠落，地为什么不陷落，风雨雷霆又是怎么发生的。惠施随口就说，张口就来，遍谈万物的道理，一说就停不下来，多得不得了，却还嫌少，再加些怪论。他用违反人

天下第三十三

的常理作为实情，就想要博取胜过别人的名声，所以与众人无法相处。德行不够，物欲太强，他走的路是曲折的。从天地之道看惠施的才能，他就像一只蚊子、一只牛虻那样徒劳。他对于万物又有什么作用呢！他发挥一技之长还算可以，如果进一步重视道，那就差不多了。惠施不能以此让自己宁静下来，却不厌倦地为万物分散心思，最后博得善辩的名声。可惜啊！惠施的才能，放荡散乱而无所得，追逐万物而不回头，这是用发声来止住回音，是用身体与影子在竞走，可悲啊！

[脑力体操]

你知道赵国吗？

脑力体操答案：赵国是战国七雄之一。开国君主赵烈侯是晋大夫赵衰的后代，和魏、韩瓜分晋国而来。前403年被周威烈王承认为诸侯。前222年为秦所灭。

图书在版编目(CIP)数据

庄子/石磊评注. —上海：上海辞书出版社，2015.1
（亲子悦读国学鉴赏）
ISBN 978-7-5326-4324-0

Ⅰ.①庄… Ⅱ.①石… Ⅲ.①道家 ②《庄子》—少儿读物 Ⅳ.①B223.5-49

中国版本图书馆CIP数据核字（2014）第290251号

亲子悦读国学鉴赏
庄子
石　磊　评注
统筹策划/朱志凌　责任编辑/杨丽萍　装帧设计/姜　明

上海世纪出版股份有限公司
辞书出版社出版
200040　上海市陕西北路457号　www. cishu. com. cn
上海世纪出版股份有限公司发行中心发行
200001　上海市福建中路193号　www. ewen. co
上海中华商务联合印刷有限公司印刷

开本　787毫米×1092毫米　1/32　印张7　插页4　字数131 000
2015年1月第1版　2015年1月第1次印刷

ISBN 978-7-5326-4324-0 / B · 268
定价：24.00元